T0279038

# Joan Piñol y Javier Savin

# El aprendiz de farero

15 claves para disfrutar de la vida

editorial Kairós

© 2021 by Joan Piñol Forcadell y Javier Savin Vallvé
© 2022 by Editorial Kairós, S.A.
  Numancia 117-121, 08029 Barcelona, España
  www.editorialkairos.com

Fotocomposición: Florence Carreté
Diseño cubierta: Katrien Van Steen
Impresión y encuadernación: Romanya-Valls, 08786 Capellades

Primera edición: Marzo 2022
Segunda edición: Mayo 2022
Tercera edición: Junio 2022

ISBN: 978-84-9988-987-0
Depósito legal: B 2.021-2022

Este libro ha sido impreso con papel que proviene de fuentes
respetuosas con la sociedad y el medio ambiente y cuenta con los
requisitos necesarios para ser considerado un «libro amigo de los bosques».

A Tere y Marta, que son nuestros faros
y nos ayudan con su luz a guiarnos
y acompañarnos en este maravilloso camino de la vida.
A nuestros hijos, a nuestros padres, a nuestra familia y amigos,
que han estado, están y estarán siempre en nuestro recuerdo.

Un especial agradecimiento a Agustín Pániker,
que creyó en este libro cuando era solo una idea.

# Sumario

# Introducción

«La felicidad no está ahí fuera para que la encontremos y
la razón de eso es que está dentro de nosotros.»

SONJA LYUBOMIRSKY, psicóloga estadounidense

Alguien dijo que para aprender son necesarias dos cabezas
(mentes), de modo que los autores decidimos unir las nuestras
para poder crear este libro, aunando la experiencia en psicología, salud y en bienestar emocional y la de dar conferencias
en el ámbito de la empresa en un solo relato.

Nuestros intereses comunes –la pasión por la psicología y
por explicar lo que hacemos profesionalmente– nos han llevado a escribir de manera conjunta este libro. Esperamos que te
ayude a aprender los recursos necesarios para disfrutar de la
vida; tanto del trabajo como de la familia y de los amigos. Se
trata de las claves para poder ser feliz y disfrutar de la vida.

En consulta, los psicólogos realizamos un extraño baile con
quienes vienen en busca de ayuda. Nosotros estamos formados

en la ciencia del pensamiento, las emociones y la conducta, pero somos ignorantes en cuanto a las circunstancias de la vida, la educación y los valores de quienes nos solicitan acompañamiento y ayuda para gestionar una vida que desconocemos por completo. Enfrente, nuestros pacientes, quienes, aunque conocen de primera mano sus experiencias, valores y emociones, se sienten incapaces de gestionarlos y, por este motivo, acuden a nosotros. El resto es un ir y venir de confianza mutua, para indagar de manera conjunta qué hay de cierto y qué hay de exagerado en cada uno de los pensamientos de quien se acerca a nuestra consulta.

Este baile, en ocasiones, necesita de ejemplos para poder, con algo de distancia, percibir lo que uno no es capaz de ver en su propia historia de vida. Contemplar en otro lo que nos sucede nos ayuda a valorar la situación sin el sesgo de la emoción, esto se conoce como razonamiento emocional, que es creer que lo que uno piensa acerca de lo que le sucede es una verdad absoluta por el mero hecho de sentirlo así. Aunque es evidente que las emociones nos dan información, estas no siempre se ajustan a la realidad. ¿Cuántas veces amamos a quien nos hiere?

El objetivo de esta danza es el de conseguir entre ambos unir la ciencia del pensamiento, la experiencia del psicólogo y la experiencia del paciente; de este modo, podemos hallar las conductas que serán más favorables y encontrar el mejor modo de llevarlas a cabo.

Hemos pensado que una buena manera de empezar un libro que habla de la felicidad es con una bonita fábula.

## La historia de los dioses y la felicidad

Hace ya muchísimo tiempo se juntaron los dioses con la intención de crear a hombres y mujeres a su imagen y semejanza, cuando uno de ellos cayó en la cuenta de que, en tal caso, no se trataría de hombres, sino que, al ser creados idénticos a ellos, también serían dioses.

Tras pensar durante un buen rato, encontraron la solución: les quitarían algo para, de este modo, poder diferenciar a dioses y a hombres. Tras mucho discutir, optaron por arrebatarles la felicidad.

–Pero tendremos que pensar muy bien dónde podemos esconderla para que no sean capaces de encontrarla –dijo uno de ellos.

El primero propuso ocultarla en la cima de la montaña más alta, a lo que otro contestó:

–¡No! Recuerda que son fuertes, y seguro que alguno podrá llegar a ella y una vez que sepan dónde está oculta irán todos a buscarla.

–Escondámosla en el fondo del mar –dijo otro.

A lo que otro dios respondió:

–No, les hemos hecho inteligentes y seguro que ingeniarán algún artilugio para poder llegar hasta ella.

–Escondámosla entonces en otro planeta.

–De nada servirá –le contestaron–, ya que son audaces y terminarán por fabricar la nave que los pueda llevar a los planetas más lejanos.

Finalmente, un dios que se había mantenido silencioso durante todo ese tiempo dijo:

–Sé dónde podemos esconderla para que nunca la encuentren.

–¿Dónde? –preguntaron todos al unísono.

–La esconderemos dentro de ellos mismos, de este modo mientras ellos la buscan fuera, la felicidad permanecerá oculta para siempre.

La búsqueda de la felicidad ha preocupado al hombre desde siempre y ocupado a grandes filósofos y pensadores como Aristóteles, Epicúreo o Nietzsche. Por ello le damos tanta importancia a la hora de tomar decisiones importantes: comprar una casa, cambiar de coche, escoger el colegio de nuestros hijos o cambiar de trabajo. Todas estas decisiones las tomamos con la esperanza de que nos ayuden a aumentar nuestra felicidad, ya sea a corto, medio o largo plazo.

Pero seguro que ya has tenido la oportunidad de descubrir que en realidad la felicidad es esquiva y que, cuanto más intentas alcanzarla, más parece alejarse, y que en muchas ocasiones has llegado a ella por casualidad, cuando la calma, el azar y la introspección te han hecho caer en la cuenta de que en ese instante eras feliz.

Empezar el libro con una bonita fábula que comparte una mágica explicación acerca de por qué resulta tan difícil hallar algo que tenemos tan cerca nos ha parecido un buen modo de iniciar este camino.

Hombres y mujeres buscan la felicidad en objetos, en el reconocimiento de otros, en la pareja o en los hijos. Este es el verdadero objetivo del libro, acompañarte a hallar la luz del faro en tu propio interior, en lugar de continuar responsabilizando a otros de ella.

La felicidad está dentro de cada uno, no la busques fuera.

# 1. Aquí empieza el camino hacia la felicidad

«Dichoso es aquel que mantiene una profesión que coincide con su afición.»

GEORGE BERNARD SHAW, dramaturgo y crítico irlandés

Esta historia empieza hace mucho tiempo. Ocurrió en el que durante algunos años fue mi hogar, un lugar donde solo contaba el trabajo bien hecho y no cabía otra manera de hacerlo.

Se trataba de mi casa, mi hogar, mi orgullo y, por aquel entonces, creía que mi legado.

Yo tenía apenas veinticuatro años y, tras terminar la universidad, decidí abandonar mi pueblo, en el ámbito rural y muy cercano al mar, para buscar una oportunidad laboral en la gran ciudad.

Recuerdo perfectamente la sensación de sentirme por primera vez alguien anónimo. De repente, parecía invisible, podía desaparecer en aquella enorme ciudad y nadie se percataría.

Allí ya no valía quién era o quiénes eran mis padres y

abuelos, tan solo importaba el trabajo que pudiera conseguir y cuánto me pagaran por ello. El resto..., nada; no había nada más. Sin amigos ni familiares, valía tanto como mi nómina o, por lo menos, eso era lo que yo sentía.

Con estos pensamientos y objetivos trabajé en diferentes empresas, nunca más de dos años; ya que no tardaba en descubrir el freno que suponía formar parte de equipos en los que no todos se planteaban el trabajo del mismo modo en que lo hacía yo.

Me encontraba en una ciudad extraña, sin amigos ni familiares y, por lo tanto, no tenía otro objetivo de lunes a viernes que el de trabajar. Pretendía hacerlo del mejor modo posible, y esto supuso el reconocimiento de la mayoría de mis jefes, que solían tener niveles de compromiso parecidos al mío.

Aparentemente, podía parecer una persona feliz, un tipo de éxito. Del campo a la ciudad, con estudios universitarios, trabajo en una empresa bien valorada, un piso que, aunque pequeño, se encontraba en uno de los edificios más emblemáticos de la ciudad. Sin embargo, nadie podía llegar a imaginar la enorme sensación de vacío que sentía.

En Occidente existe la tendencia a pensar que el trabajo duro, los ingresos altos y el prestigio deben ser nuestra meta.

En la Universidad de Harvard, allá por el año 1930, iniciaron el que es el estudio más largo sobre la materia. Recogieron datos acerca del trabajo, la salud y la vida en familia durante más de 75 años (y continúan haciéndolo en la actualidad). Iniciaron el estudio con 724 hombres; actualmente, sigue con los más de 2.000 hijos e hijas de estos primeros sujetos del experimento.

En un primer momento se trataba, por un lado, de estudiantes de segundo año de la Universidad de Harvard y, por otro, de jóvenes de algunos de los barrios más pobres de Boston.

La conclusión más evidente a la que llegaron es que las relaciones de calidad en tu entorno correlacionan mucho más con una vida feliz y saludable de lo que lo hace la fama, la fortuna y el trabajo duro.

Vieron cómo un buen entorno social (amigos, familia y compañeros de trabajo) te acerca a una vida sana, larga y feliz, mientras que una vida solitaria, ya se trate de una circunstancia real o percibida, aumenta mucho la probabilidad de enfermar y de sentirse desdichado. Para que la compañía se convierta en un factor de protección, esta tiene que ser de calidad. La pelea constante con personas de tu entorno acaba por dañarte.

Este estudio demostró que lo que nos permite anticipar treinta años antes de que suceda si esta persona tendrá una vejez sana y feliz no son aspectos médicos, sino la cantidad y la calidez de sus relaciones. Los que se sienten bien acompañados a los cincuenta tienen muchos números de vivir más sanos a los ochenta.

Algo para tener en cuenta de cara a saber cómo son estas relaciones sanas es que no tienen que estar vacías de conflicto, sino que son aquellas que implican un apoyo casi incondicional. Las parejas que saben que pueden contar con el otro cuando la situación es difícil tienen tendencia a olvidar los problemas del pasado y perciben la relación como algo mucho más agradable.

En aquella época, yo no conocía este estudio. De haberlo conocido seguramente tampoco le hubiera hecho caso porque entonces creía firmemente que el éxito residía en el trabajo duro, el reconocimiento y, especialmente, en tener un sueldo elevado. Y, para lograrlo, me fui alejando poco a poco de amigos y familiares, al mismo tiempo que centraba toda mi energía en objetivos meramente profesionales.

Hoy sé que la felicidad la podemos encontrar en el momento que somos capaces de amar y trabajar y que cuando el amor no te permite desarrollar tus talentos (aprender y compartir con otros y para otros aquello que se te da bien) no es amor, sino que es dependencia. Del mismo modo, cuando el trabajo no te permite pasar tiempo de calidad con los tuyos, estar a su lado cuando te necesitan, o te obliga a perderte los momentos importantes en la vida de quienes quieres, no es trabajo, es sumisión.

A veces, no nos damos cuenta de lo que tenemos hasta que lo perdemos. Sabemos que la mente es la que domina el cuerpo y, por ello, tenemos que conseguir que esté tranquila para que así nos sintamos mucho mejor.

Hoy puedo concluir que nuestra paz interior es un aspecto fundamental que debemos mejorar diariamente.

Como te cuento, en aquella época estaba aún muy lejos de poder llegar a esta conclusión. Sin embargo, poco tardaría en empezar a notar, a través de mi cuerpo, que el cambio era ineluctable o, al menos, por suerte, así lo sentí yo.

# 2. Descubriendo la ansiedad

«El temor agudiza los sentidos; la ansiedad los paraliza.»

Kurt Goldstein, psiquiatra y neuropsicólogo estadounidense

Habían pasado algo más de siete años desde mi partida del pueblo, y un día, a eso de las ocho de la tarde de un frío diciembre, me encontraba en el despacho, una estancia alargada presidida por un gran ventanal con un marco de madera y, a la derecha, una estantería de punta a punta de la pared con cientos, quizá miles, de currículums. La pared contraria estaba vacía, a excepción de un armario con una fotocopiadora y una caja repleta de folios. En medio, tres escritorios formaban una especie de isla, y en uno de ellos se sentaba la persona encargada de los trámites propios de un departamento de recursos humanos (nóminas, contratos y comunicaciones con la Seguridad Social). Era una mujer fuerte, sindicalista, madre soltera y siempre dispuesta a discutir.

Recuerdo con cariño esas peleas entre dos personas que no

podían estar más alejadas: yo, un joven codicioso y dispuesto a llegar bien alto en cualquiera que fuese la empresa –solo tenía un objetivo, y este era triunfar: sabía que estaba muy abajo, pero estaba seguro de poder ir escalando con determinación y esfuerzo–; ella, una mujer de cincuenta años, cansada de trabajar para quienes parecían no reconocer ni su esfuerzo ni su talento, lo que la llevaba a considerar a cualquiera que no luchara contra el sistema como su enemigo.

Han pasado ya muchos años y continúo manteniendo el contacto con esta sindicalista gruñona de valores firmes e intachables.

Yo me sentaba en otro de los escritorios, delante de la montaña de currículums, dejando a mi espalda la gran ciudad; podía perfectamente sentarme al otro lado de la mesa y disfrutar de las que eran posiblemente las mejores vistas de la ciudad, pero de tanto verlas las había gastado. ¿O quizá era yo el que se había gastado?

Por más que leyera, siempre había nuevos puestos que cubrir y nuevas solicitudes de empleo que leer. Tenía la sensación de encontrarme atrapado en el tiempo.

En el tablón del despacho colgué un escrito que rezaba así:

Alicia miró sorprendida a su alrededor.

–Pero ¿cómo? ¡Si parece que hemos estado bajo este árbol todo el tiempo! ¡Todo está igual que antes!

–¡Pues claro que sí! –convino la Reina–. ¿Y cómo iba a estar si no?

–En mi país –dijo Alicia, que todavía jadeaba un poco al hablar–, cuando se corre durante algún tiempo en una determinada dirección, se suele llegar a alguna parte.

–Tu país debe ser algo lento –comentó la Reina–. Aquí tienes que correr a toda velocidad para poder permanecer en el mismo lugar y, si quieres desplazarte a otro, ¡entonces debes correr el doble de deprisa!

LEWIS CARROLL, *Alicia en el país de las maravillas*

Este fragmento describía a la perfección cómo me sentía, por más rápido que leyera, siempre había nuevos currículums por leer y nuevos puestos que cubrir. Era como correr en la cinta del gimnasio, como un hámster en una rueda, como navegar contracorriente. Si quería avanzar, tenía que esforzarme el doble, pero al parar por cualquier motivo (vacaciones, algún imprevisto, enfermedades...), ¡volvería a retroceder!

Escuché unos pasos, caminaban ligeros, con prisa, era el jefe de mantenimiento que, posiblemente acostumbrado a ser el último en marcharse, quiso ver si estaba todo en orden antes de salir del edificio. Se trataba de un hombre extraño, una de esas personas que parecen esforzarse en no caer bien, como si tuviera que estar muy atento para que los demás no se dieran cuenta de que en realidad se trataba de un buen tipo.

–Venga, Javi, vete a casa... –farfulló–. No te preocupes, todos esos papeles seguirán ahí mañana.

Hizo una mueca, parecía casi una sonrisa, se dio la vuelta y se marchó con los mismos pasos apresurados, seguramente pensado en si me habría dado cuenta de su gesto de complicidad.

De nuevo el silencio, una gran tristeza y la certeza de que nada tenía sentido me invadieron por completo. Me levanté, miré desde la ventana de mi despacho: la ciudad a mis pies, millones de luces, cada una escondía como mínimo una vida; seguramente, una familia. Imaginé a esas personas cenando, comentando cómo les había ido el día o quizá escuchando cómo sus hijos les explicaban lo que habían aprendido en la escuela. Casi podía oír sus risas y ver cómo se abrazaban, los imaginaba felices, y eso me hacía sentir aún más insignificante.

Recorrí el pasillo en silencio hasta encontrarme con el vigilante de seguridad, un hombre gordo y de pelo blanco que tenía esa amabilidad de la gente algo mayor.

—¡Vamos, Javi, que ya no queda nadie!

—¡Que vaya bien la noche! —respondí alejándome despacio hacia mi motocicleta, una vieja BMW de color rojo que había heredado de mi padre.

Ese era, sin ninguna duda, el mejor momento del día; creo que el único momento que tenía sentido. No tenía que pensar, era como un ritual: me abrochaba la cazadora, me ponía los guantes, el casco y, al arrancar la moto, sentía cómo me contagiaba toda su potencia.

Un sinfín de curvas es el regalo que esta ciudad tiene para los que trabajan en la cima de su montaña; el resto, un trámite.

Ese era el único momento en el que conseguía fluir. Yo era parte de la moto, y esta, a su vez, parte de la carretera. Durante el trayecto todo ese caos de emociones parecía ponerse en orden. Esta sensación se conoce como estado de flujo.

El psicólogo Mihaly Csikszentmihalyi lo explica a la perfección: nuestro cerebro es capaz de interpretar alrededor de 110 bits por segundo. Para que puedas hacerte una idea de lo que significa: para ser capaces de atender a quien nos habla necesitamos alrededor de 60 de estos bits, lo que nos deja libres unos 50 que solemos llenar con pensamientos relacionados con la falta de salud, problemas del trabajo, de casa, etc.

Al ir en moto por una carretera llena de curvas, necesitaba prestar atención a la carretera, al gas y al resto del tráfico. El momento en el que acostumbraba a volver del trabajo, poco antes del anochecer, por esta carretera, solían cruzar familias de jabalíes. El caso es que durante ese rato dejaba por unos instantes de ser yo; ni sentía ni tenía conciencia de nada que no fuese la carretera y la moto. Los 110 bits estaban dirigidos a todo lo que comporta una conducción fluida: mis manos y mis pies parecían moverse solos para controlar el embrague, el freno y el cambio de marchas.

Quizá esto que te voy a decir te sorprenda, pero lo cierto es que empecé a llevar moto a los doce o trece años (eran otros tiempos). La primera fue una vieja Montesa; más adelante, tuve un ciclomotor de color azul; luego, una preciosa Naked de color negro; y, además, solía rodar con la vieja BMW de mi padre. Esto te lo explico para que no te sientas frustrado si no consigues fluir conduciendo una moto; para mí, que lo he vivido desde pequeño, se trata de algo tan natural como para otro nadar o montar en bicicleta.

El *flow* es un estado de éxtasis en el que uno puede hacer algo ciertamente difícil sin casi ningún esfuerzo. Tal vez en tu caso la actividad que te permite fluir está relacionada con tu trabajo, la pintura, la escritura, cuidar del jardín, leer un buen libro o ver una película. No importa de qué se trate, haz aquello que haga que el tiempo pase a toda velocidad, que te arranque de tu propio ser y te haga formar parte de algo que va más allá de ti mismo. Haz aquello que te supone un reto y para lo que pareces haberte preparado durante años y verás cómo, incluso en el caso de que no estés satisfecho con tu vida (tal y como me ocurría a mí), aun sintiéndote solo o frustrado, cuando todo parece estar saliendo mal, puedes, como por arte de magia, fluir. De este modo, aunque te hayas equivocado en tus objetivos y prioridades, podrás, por lo menos durante un periodo corto de tiempo, sentirte cerca de ser feliz.

Hoy puedo decirte que no te conformes con fluir unos pocos instantes al día, tal y como yo lo hacía en aquella época: trabaja duro para tener un trabajo excitante y que te suponga un desafío; fluye con quienes te acompañan (prestando atención a lo que dicen y mostrando un interés sincero); fluye en tu tiempo libre, escogiendo los libros o las películas que te permitan aprender y te exijan atención; y fluye en el deporte, no lo hagas porque crees que te ayudará a verte mejor, haz el que te exija, el que te rete. Fluye en todas las áreas de tu vida, en lugar de hacerlo en una sola de ellas, y disfrutarás de momentos felices. Hazlo además en buena compañía, y ya no serán solo momentos felices, sino que lograrás una vida feliz.

Aparqué la moto y sentí que esa fuerza que me había contagiado mi vieja moto quedaba atrás y había ido dejando un rastro de energía. Me había entrado por el puño derecho y me abandonó al bajar de la moto; con la misma rapidez que vino, se fue.

La cazadora negra, los guantes y el casco, que hacía unos instantes me habían hecho sentir como un gladiador, ahora me resultaban pesados e incómodos. Esta percepción fue ganando más y más fuerza mientras entraba en el ascensor, pulsé el botón y se dispararon todas esas sensaciones.

El corazón golpeaba mi pecho como si fuera a atravesármelo, por más que intentaba respirar, apenas me entraba el aire, notaba como si el oxígeno no fuera más allá de mi garganta y solo podía pensar una cosa: «Esto es un infarto. Moriré. Moriré ahora, moriré solo, moriré muy joven. Moriré. Moriré en este maldito ascensor».

Sentía cómo perdía la vida, me estaba muriendo y no podía hacer nada. El ascensor se detuvo y entré en casa como pude. Estaba vivo y, sin embargo, solo podía llorar.

A los pocos minutos, me di cuenta de lo que me había ocurrido: a mi corazón y a mis pulmones no les sucedía nada, era una crisis de ansiedad. Como licenciado en psicología, conocía los síntomas y cómo tratarlos; sin embargo, hasta ese momento no me había ocurrido nunca y tampoco me había parado a pensar en por qué mi cuerpo me avisaba, por qué me decía a gritos: «Te estás muriendo, tienes que cambiar de vida, debes hacer algo, te estás muriendo por dentro».

Me sequé las lágrimas e hice lo que suelo hacer cuando necesito relajarme: tomar una ducha. Después, más calmado, entré en la habitación que tengo como despacho, con muchos libros, una pequeña mesa y un sillón, para revisar mis viejos apuntes de psicología: «Una de cada cuatro personas padece ansiedad en algún momento de su vida. La ansiedad es la respuesta exagerada a cualquier amenaza que termina por provocar una reacción desproporcionada tanto a nivel físico como mental.»

Lo que había leído tantas veces en un manual o en mis apuntes de la universidad era exactamente lo que me sucedía. Estaba hiperventilando, lo escuchaba todo, sentía cualquier cosa que sucedía a mi alrededor, el segundero del reloj del salón sonaba como si un martillo golpeara contra una plancha metálica, mi cuerpo estaba muy acelerado y preparado para salir corriendo.

Solo cuando hay un ataque de pánico como el que yo acababa de sufrir, las personas acostumbran a pedir ayuda como consecuencia de la ansiedad, mientras que en los casos en los que no se llega a estos extremos, la mayoría de ellos, hay una demora diagnóstica de cerca de quince años.

Si lo que te estoy explicando te resulta familiar en algún momento, no esperes a que la situación se convierta en insoportable, ya que ello perjudicará tanto a tu mente como a tu cuerpo al llevarles a unos niveles de tensión que favorecen una mala evolución de la mayoría de las enfermedades.

Busqué mi viejo *DSM* de la universidad en la estantería. Este manual que utilizamos los psicólogos, psiquiatras e investigadores de las ciencias de la salud para conocer los criterios, buscar la descripción de síntomas y diagnosticar los trastornos mentales me ayudaría a concluir algo que ya sabía. Fui directo a la página que explicaba los criterios de la ansiedad. Los recuerdo perfectamente:

- Ansiedad y preocupación excesiva que se prolonga durante más de seis meses.
- Malestar clínicamente significativo o deterioro social y laboral.
- Los síntomas incluyen palpitaciones, fatiga, escalofríos, opresión, hiperventilación, miedo, confusión, etc.

Estaba claro: estaba sufriendo una crisis de ansiedad.

Ten presente ante una situación así que, aunque es desagradable, no es peligrosa (a menos que se alargue mucho en el tiempo; en ese caso, estarías exponiendo a tu organismo a un estrés excesivo). Se trata del modo que tiene tu cuerpo de reaccionar ante el estrés. Te puede ayudar centrar tus pensamientos en cosas positivas y que te gusten, y realizar la que conocemos como respiración diafragmática: inspira por la nariz, llena tu abdomen de aire y suelta el aire poco a poco por la boca. Así al menos durante un minuto.

Esta crisis de ansiedad o ataque de pánico era el modo que mi cuerpo encontró para decirme que tenía que hacer cambios en mi vida y que los tenía que hacer ya; no podía seguir como estaba, haciendo ver que no me daba cuenta de que me sentía terriblemente desdichado a consecuencia de haber puesto un trabajo –que en realidad no me gustaba– por delante del resto de cosas de mi vida.

En aquel momento, tuve muy claro que no podía seguir así y que dejaría el trabajo. Cené una tortilla y me fui a dormir, sorprendentemente sin pensar en nada más. Por suerte, no tardé en conciliar el sueño.

# 3. Adiós

«Usted no puede esperar construir un mundo mejor
sin mejorar a las personas.
Cada uno de nosotros debe trabajar para su propia mejora.»

Marie Curie, científica polaca

Al día siguiente, a las siete menos cuarto de la mañana, sonó el despertador, puse un pie en el suelo y, en ese mismo instante, un pensamiento apareció de nuevo en mi mente: «Hoy será muy difícil ir a trabajar».

La ducha, que tiempo atrás había sido capaz de disfrutar, me pareció un mero trámite. Me vestí sin prestar demasiada atención a la ropa que me iba a poner y me preparé un café, que tampoco fui capaz de disfrutar. Volví al baño para cepillarme los dientes y ni siquiera me afeité ni me puse crema, algo que solía hacer cuando tenía ganas de verme bien.

Sé que puede parecerte que todo esto no tiene demasiada importancia, pero en realidad sí la tenía, ya que estaba empezando a abandonar mi cuidado personal.

Aunque mi vida ha cambiado mucho desde entonces, tengo una gran memoria visual y los apuntes de la carrera siempre me acompañan. Así que puedo decirte claramente que debes preocuparte cuando tu estado de ánimo afecta a una de estas tres áreas:

La primera es el trabajo. Como te he comentado, mis jornadas eran maratonianas, pero eso en realidad no respondía a una carga exagerada de trabajo, sino a mi dificultad cada vez mayor para concentrarme. No me sentía bien, por lo que tenía que trabajar más para hacer lo mismo. Curiosamente, mis jefes solían interpretar mis jornadas interminables como un ejemplo de compromiso y no como la evidencia de que mi rendimiento era cada vez menor; ni siquiera yo me daba cuenta de ello.

La segunda son las relaciones sociales. La verdad es que, en aquella época, sentía que cada vez tenía menos amigos, tan solo me quedaban unos pocos que continuaban pacientemente insistiendo en vernos a pesar de mis continuos desplantes. Además, siempre estaba discutiendo; entonces me parecía justificado, pero hoy sé que respondía más a mi estado de alerta y a la tendencia que tenía a responder con agresividad que a cualquier otro motivo que tuviera que ver con mi entorno. Lo curioso es que en aquella época era incapaz de darme cuenta de esto que ahora veo con tanta claridad.

Y, por último, el autocuidado. No era capaz de recordar la última vez que había dormido una noche seguida. Además, apenas comía y, cuando lo hacía, eran bocadillos, bollería o cualquier otra cosa que no necesitara ningún tipo de elaboración, no tenía las ganas ni las energías para dedicar el más mínimo tiempo a la cocina.

Naturalmente, todo esto se veía reflejado en mi aspecto descuidado, la imagen que me devolvía el espejo era la de alguien triste y cansado, cosa que alimentaba mi sensación de fracaso.

Arrastrando los pies salí de casa, me detuve delante del ascensor y recordé las terribles sensaciones que había vivido apenas hacía diez horas allí dentro; parecía que me esperaban de nuevo en el interior de esa estrecha caja de metal. Tuve la tentación de bajar a pie las doce plantas hasta el vestíbulo de aquel majestuoso edificio. «No», me dije a mí mismo. De sobra sabía que evitar el ascensor esa mañana no haría más que alimentar la ansiedad que sentiría por la noche en el momento de volver a casa. Y si bajar doce plantas puede resultar incómodo, la tarea de subirlas tras una interminable jornada podía ser hercúlea.

Tan pronto como se cerró la puerta empecé a sentir de nuevo el corazón acelerarse. Una planta más abajo, el ascensor se detuvo y entraron una madre y su hija, ambas lucían una enorme sonrisa.

–Buenos días –dijeron a la vez.

–Buenos días –respondí.

La niña de unos cinco años se pasó los diez pisos restantes cantando una divertida canción acerca de un cocodrilo y una cueva mientras su madre me miraba con una mezcla de complicidad y disculpa.

Nunca sabrán que esa bonita casualidad y la pegadiza canción hicieron que no tuviera un nuevo ataque de pánico, que seguramente me hubiera desencadenado una fobia a los ascensores y quizá hubiera terminado por generalizarse y padecer claustrofobia. Aquel hecho casual me permitió distraerme del terrible pensamiento de muerte que estaba a punto de tener e incluso me contagiaron una sensación de felicidad que hacía semanas que no era capaz de sentir.

Así de caprichosa es la mente, en un instante puede llevarte de la enfermedad mental a la más agradable de las sensaciones. Afortunadamente, en esta ocasión, la casualidad jugó a mi favor.

Al llegar a la oficina me dirigí a mi jefe para ponerle al día de mi decisión: ¡dejaba el trabajo!

Se sorprendió:

–¿Qué ha pasado? –me dijo.

–Nada… Que parece que mi cuerpo y mi mente se han puesto de acuerdo en que tengo que dejarlo –respondí.

Él empezó a enumerarme todos los motivos que tantas veces yo mismo me había repetido:

–Javi, recuerda que no existe el trabajo perfecto, pero hay que trabajar; piensa que a muchos de nosotros puede no gustarnos venir a la oficina y nos aguantamos. Te arrepentirás cuando después no encuentres otro trabajo. Es tu responsabilidad… –Buscaba todos los argumentos posibles–. Mucha gente querría un trabajo como el tuyo. Tienes una situación segura y cómoda al saber que ingresas cada mes una nómina. Entonces, ¿qué harás?

Crees escoger tu camino, que eres libre y eso en realidad no es así, o no del todo. Aunque son constantes las decisiones que tomamos a lo largo del día, estas se encuentran muy limitadas por el aprendizaje vicario: todo lo que aprendemos, no como consecuencia de nuestra experiencia o reflexión, sino de lo que observamos en quienes nos rodean.

Seguro que crees que escoges tu desayuno y lo ves como uno de los muchos ejemplos que demuestran que eres libre, pero estás escogiendo: zumo o café, cereales o tostadas, huevos o bollería... Date cuenta de que no escoges entre las diferentes opciones de desayuno, escoges entre aquellos desayunos que las personas con las que has convivido suelen tomar.

Un ejercicio de verdadera libertad sería indagar acerca de los diferentes alimentos y bebidas que uno puede tomar e ir probando aquellos que se pueden ajustar más a tu actividad y gustos, de esta manera podrás realmente escoger en lugar de continuar con las mismas conductas sin entrar a valorar si estas son realmente de tu agrado.

Otra de las limitaciones a la hora de comportarte con libertad es la presión social. Aquí ya no se trata de que nos influyan con su ejemplo, la presión social es mucho más violenta, ya que consiste en la insistencia, por parte de medios de comunicación, personas conocidas y también desconocidas, en mostrar su desaprobación haciéndote sentir mal porque optamos por algo que a ellos les incomoda, aunque pueda ser muy saludable para nosotros.

Esto es especialmente evidente cuando el motivo del reproche es la envidia: haces algo que les gustaría hacer, pero para lo que carecen del valor o el talento. Te hago este apunte porque creo firmemente en que había algo de esto en el empeño de muchas personas a la hora de convencerme de lo equivocada que era mi decisión de dejar el trabajo.

Quizá mi jefe estaba en lo cierto, de sobra conocía esos motivos, eran los mismos que tantas veces me habían impedido cambiar de trabajo, programar un viaje, quedar más o hablar con una chica. Yo les llamo los pensamientos «y si»: «¿Y si no encuentro trabajo? ¿Y si se ríen de mí?», etc. Pero entonces me daban igual todos los «y si» que me decían, tenía uno mucho más poderoso: «¿Y si me muero? ¿Y si me muero solo y trabajando en algo que no me gusta?».

No sabía lo que quería, pero de algo sí estaba seguro: no quería perder ni un día más en aquella situación que me estaba matando poco a poco.

—Mi decisión es firme —espeté al fin mientras le entregaba mi carta de renuncia, que había redactado aquella mañana para asegurarme de que no cambiaría de opinión.

Era mi punto de no retorno.

—Veo que no has puesto fecha —me dijo dejándome ver su más que evidente disgusto y sus dudas sobre si iba de farol o no.

Por un momento, creí que pensaba que estaba negociando mi salario.

—Quería hablarlo con vosotros antes de poner una fecha...

Me atascaba en las palabras, pero mi voluntad era firme; no podía ceder. En aquel instante, recordé cómo dar un mensaje de manera asertiva, todo lo que había leído y estudiado acerca de ello pasó por mi mente como una cascada infinita de información:

La asertividad consiste en la capacidad de saber decir que no y no sentirnos mal por ello. Emplear la asertividad es saber pedir, negarse, negociar y ser flexible para poder conseguir lo que se quiere, respetando los derechos del otro y expresando nuestros sentimientos de forma clara.

La asertividad se define como «la habilidad de expresar nuestros deseos de una manera amable, franca, abierta, directa y adecuada, logrando decir lo que queremos sin atentar contra los demás. Negociando con ellos su cumplimiento».

Datos y más datos desfilaban por mi cabeza, como si pudieran darme el modo de enfrentarme a la situación.

El elemento básico de la asertividad consiste en atreverse a mostrar nuestros deseos de forma amable y franca, pero el punto fundamental radica en lanzarse y atreverse. Sin embargo, cuando la ansiedad y el miedo son demasiado grandes hasta el punto de que nos dificultan o impiden expresar nuestros deseos, debemos plantear una estrategia para superarlos.

Era como si mi mente repasara todo lo que sabía y conocía a nivel teórico, pero fuera incapaz de llevarlo a la práctica:

Sin perder de vista que lo importante es lo que hacemos y no lo que decimos, tenemos que preparar aquello que vamos a decir al otro para que sepa cuáles van a ser nuestros siguientes pasos. El diálogo que tengamos con el otro tiene que cumplir los siguientes requisitos para ser un diálogo asertivo:

**1.** Describir los hechos concretos. Se trata de poner una base firme a la negociación, en la que no pueda haber discusión. Cuando describimos hechos que han ocurrido, el otro no puede negarlos, y así podemos partir de ellos para discutir y hacer los planteamientos precisos. En este punto es donde más tenemos que evitar hacer los juicios de intenciones. En lugar de decir «Eres un vago», podemos decir «Vengo observando que te levantas desde hace ya varias semanas a la hora de comer», sin emitir un juicio.

**2.** Manifestar nuestros sentimientos y pensamientos. Es decir, comunicar de forma contundente y clara cómo nos hace sentir aquello que ha ocurrido y qué tipo de juicio moral o de pensamiento nos despierta. Hay que recordar que no se trata de que el otro lo encuentre justificado o no; le puede parecer desproporcionado o injusto, pero es lo que nosotros sentimos y tenemos derecho a expresarlo. Le estamos informando, no le pedimos que nos entienda o nos comprenda, por eso no puede descalificarnos, y nosotros no aceptaremos críticas a nuestros sentimientos.

**3.** Pedir de forma concreta lo que queremos que haga: «Quiero que seas más educado», «Quiero que me respetes», «Quiero que quites los pies de mi mesa», «Quiero que cuando hablo me mires a los ojos y contestes a lo que te pregunto», «Quiero que estudies tres horas diarias». Son conductas concretas que el otro puede entender y hacer.

**4.** Especificar las consecuencias. Es decir, aquello que va a ocurrir cuando haga lo que se le ha pedido. Se le podría plantear también las consecuencias que tendrá para él no hacerlo, pero es preferible especificar lo que va a obtener de forma positiva. Los castigos son mucho menos efectivos que los premios o refuerzos.

Seguro que has escuchado teorías acerca de la importancia de dar solo mensajes positivos, habrás escuchado también que es mejor construir las oraciones sin incluir la palabra «no». Pues no. No solo no hay nada malo en decir que no, sino todo lo contrario; el «no» marca el límite, es la manera de decirles a quienes te rodean qué está permitido y qué no lo está. Y, además, te pone en valor. No se trata de decir que «no» a todo, sino de dejar claros los límites y hacer saber al otro qué vale y qué no vale en la relación, o qué puede esperar y qué no.

Ser asertivo no es ser agresivo, consiste en ser claro y eficaz a la hora de comunicar.

Quizá te cueste, pero ten presente que comunicar de manera asertiva es un hábito y que, además de ayudarte a relacionarte con los demás, también mejorará tu autoestima.

Utilizar el punto de no retorno, como lo iba a hacer yo en esa ocasión, te ayudará a comprometerte con tus propias necesidades y emociones, en lugar de actuar siempre para satisfacer a otras personas.

De forma consciente, puse fin a tanta teoría y empecé de nuevo, con la intención de ser más asertivo.

—Entiendo las molestias que esta situación os puede causar, pero espero que me comprendáis: mi mente y mi cuerpo me han dicho a gritos que tengo que cambiar de vida, y ha llegado el momento de hacerles caso. –Las palabras me salían solas, podía oírme al fin–. Hace ya algún tiempo que me siento triste y desmotivado, y esta sensación cada vez va a más.

Mi jefe me observaba fijamente, por la forma en la que empecé a hablar, supo que no iba de farol y que no tenía mucho que hacer. Su silencio me dejó continuar:

–Si queréis, puedo iniciar de inmediato el proceso para cubrir el puesto que dejo vacante y me comprometo a traspasar toda la información durante un mes a la persona que ocupe mi lugar. También puedo dar un preaviso de tres meses, haciéndolo efectivo antes si vosotros lo consideráis oportuno.

Mi discurso asertivo funcionó y se decidieron por la segunda opción. Pasé los tres meses siguientes enterrado entre currículums, como siempre; pero esta vez con la sensación de que me había quitado un gran peso de encima. Mentalmente me encontraba mejor, más liberado, con menos presión. Así fueron pasando los días, sin más sentido para mí que el de restar horas hasta alcanzar mi libertad.

Cuando no eres capaz de lograr tus objetivos, ya sea por motivos propios o del entorno, es frecuente que el malestar, la ansiedad y los pensamientos desagradables adquieran importancia. Aprender a aceptar la emoción, a identificar lo que de ti depende, poner el foco en lo que sí puedes hacer y diseñar un nuevo plan de acción para intentarlo de nuevo suelen ser muy buenas opciones para reducir el malestar al tiempo que reconducimos la situación.

Yo tenía un pensamiento que se repetía una y otra vez, que era la firme creencia de no ser feliz y de que nunca llegaría a serlo a menos que diera un giro a mi vida por completo. Este pensamiento era tan insistente e intenso que, tal y como ya te he comentado, me llevaba a enfermar.

Era el momento de empezar a escoger qué parte de mi vida aceptar y qué parte iba a cambiar, y debía comprometerme firmemente conmigo mismo.

Las emociones desagradables forman parte de tu vida y así debe ser, de ti depende aprender a hacer de ellas algo útil.

En mi caso, la peor sensación que he sentido nunca, el convencimiento de que mi vida estaba a punto de llegar a su fin, me dio la fuerza necesaria para cambiar el rumbo y dejar atrás todo aquello que no me hacía feliz.

¿Qué vas a hacer tú con esos pensamientos que te hacen sentir mal?

# 4. Volver a empezar

«Un camino de mil millas comienza con un paso.»

BENJAMIN FRANKLIN, político, científico, inventor
y padre fundador de Estados Unidos

La sensación era la de ser una *tabula rasa*, un disco virgen. Había tenido la misma sensación algunos años atrás, cuando, antes de la selectividad, me plantaron delante un papel para que pusiera por orden tres opciones: tenía que escoger tres posibles futuros, tres oficios que pudiera o quisiera llegar a desempeñar. En realidad, no tenía la menor idea, recuerdo que finalmente puse: psicología, derecho y económicas. Estaba eligiendo mi futuro sin saber muy bien cómo quería que fuera, pero sintiendo que todo podía caber en él.

No son pocas las veces que juego a imaginarme cómo hubiese sido mi vida de haber puesto en ese papel: derecho, psicología y económicas.

Durante la Segunda Guerra Mundial, Reinhold Niebuhr escribió la siguiente plegaria: «Señor, concédeme serenidad para aceptar todo aquello que no puedo cambiar, valor para cambiar lo que soy capaz de cambiar y sabiduría para entender la diferencia».

Tomar decisiones nos asusta, tememos que no sea la opción correcta. Pensamos que algunas, como las de escoger nuestros estudios, pueden marcarnos de manera indeleble y son inamovibles. Solemos pensar de manera binaria: acierto o fallo: si escojo la opción adecuada, tendré éxito y seré feliz; de lo contario, fallaré.

Evidentemente, esto no es así, la vida no son ceros y unos, la vida es un continuo, y son muy pocas las decisiones que pueden llegar a afectar de manera tan trascendental, pero tal y como dijo el filósofo griego Epicteto: «No son las cosas que nos pasan las que nos hacen sufrir, sino lo que nosotros nos decimos sobre esas cosas».

Seguramente no tendría tanta trascendencia elegir una u otra cosa; en mi vida no se trataba de escoger la acertada, que me llevara a la más absoluta de las felicidades, o la errónea, que haría que fuera desgraciado. Sin embargo, en ocasiones es justamente esto lo que nos parece, nos decimos a nosotros mismos que esta es la más importante de las decisiones y, por lo tanto, de este modo es como lo vivimos.

Este miedo nos paraliza e incluso nos lleva a tomar decisiones basadas en el azar o a confiar en el criterio de otros: estudiaré lo mismo que mis amigos, lo que digan mis padres o lo que me aconseje mi profesor. Son muchas las ocasiones que al preguntar durante una entrevista de trabajo «Si pudieras cambiar alguna de tus decisiones, ¿cuál sería?», sin pensarlo apenas un segundo, la respuesta suele ser «Hubiera estudiado lo que tanto me gustaba en lugar de obedecer a...».

El caso es que, aunque nos cuesta tomar decisiones porque la posibilidad de equivocarnos nos aterra y el terror nos paraliza, suele resultarnos más fácil elegir de entre dos opciones la que nos parece la menos mala.

En mi caso, les veía ventajas e inconvenientes a todas, pero me resultó más sencillo elegir entre binomios: entre derecho y económicas, mejor derecho; entre psicología o económicas, mejor psicología; y al pensar un instante, entre psicología y derecho, lo tuve claro, me quedaba con psicología. Si luego cambiaba de opinión, siempre podría pasar las asignaturas hechas a las de libre elección, una ventaja que quizá me hizo decidir.

Cuando no analizas las opciones en su totalidad, sino que lo haces tomándolas de dos en dos, muchas de las dudas se disipan.

Es extraño, pero creo que no hubiera cambiado demasiado. Tengo la sensación de que la vida que hoy disfruto sabría el modo de abrirse paso, sé que se trata de un pensamiento irracional, casi un pensamiento mágico, pero me resulta imposible imaginar mi vida sin las personas que hoy la forman y sin las personas que han formado parte de ella.

Estoy seguro de que el psicólogo, el abogado y el economista no son tipos tan distintos; de hecho, creo que ha quedado algo de ellos dentro de mí: al fin y al cabo, todos querían trabajar en algo que les guste y poder, desde su especialidad, ayudar a mejorar la situación de quienes les rodeaban.

Esta vez no se trataba de qué oficio quería tener, entonces la pregunta era: ¿quién quería llegar a ser?

De modo que empecé por hacer un listado de todas aquellas cosas que eran prioritarias para mí:

- Quiero ser mi propio jefe. Han sido demasiados años obedeciendo a personas que no siempre se han ganado mi respeto, aunque la mayoría sí lo han hecho.
- Quiero sentirme útil, sentir que ayudo a algunas personas y que, en cierta manera, mejoro la vida de aquellos que hay a mi alrededor.
- Quiero disfrutar de la naturaleza, a poder ser del mar, que siempre me ha fascinado. Respirar aire fresco, la brisa marina.
- Quiero trabajar desde casa o, por lo menos, poder hacerlo algunos días.
- Quiero tener buenas vistas y poder trabajar en el exterior para que pueda tocarme el sol en la piel.
- Quiero comunicar y que las personas a las que me dirija se alegren de escuchar mi mensaje, que sea un mensaje de esperanza, que les alegre lo que yo les pueda explicar.

Un punto que tenía muy claro era que quería aprender un oficio, uno de aquellos antiguos, de los que te tiene que enseñar un maestro, uno de esos tipos sencillos, de los que han aprendido durante decenas de años y su oficio les ha transformado en lo que son. Pensaba en un maestro a los que se suele llamar por su profesión a modo de mote, como si no tuvieran nombre: el herrero, el carpintero, el pastelero, el farero…

¡Eso quería! Quería ser el aprendiz, uno que llegara a ser maestro, el que más sabe de alguna cosa, el que disfruta con su trabajo, el que confunde obligación, pasión y talento, como si las tres cosas fueran partes de lo mismo.

# 5. Buscando trabajo

«Buscar la felicidad en esta vida,
allí radica el verdadero espíritu de rebeldía.»

Katherine Pancol, novelista francesa

Con esta extraña lista, empecé a buscar trabajo: uno sin jefe y que me permitiera ayudar a los demás, estar en contacto con la naturaleza, comunicar, realizarlo desde casa y aprender un oficio.

De mi época de deportista me quedaron algunas costumbres y una de ellas era la de hacer un póster tamaño DIN A3 donde poner los objetivos. De este modo me recordaba a mí mismo por qué merecía la pena tanto esfuerzo.

Te recomiendo que tú también lo hagas. Debes tener en cuenta que los objetivos no se pueden poner de cualquier manera, estos sirven para identificar tanto la dirección como la intensidad necesaria de nuestras acciones para alcanzar nuestras metas, además de ayudarnos a mantener la motivación.

Cada uno de nuestros objetivos tienen que ser SMART, acrónimo de *specific, mesurable, action, realist* y *timely*. Deben ser específicos; es decir, tener un número concreto: por ejemplo, si realizo siete llamadas comerciales, ¿cómo sabré tras esas llamadas si debo estar satisfecho o no? También, medibles, es decir, deben poderse cuantificar. Además, tienen que invitar a la acción, a hacer algo preciso. Por supuesto, deben ser realistas; ya que si el objetivo parece estar fuera de nuestro alcance nos costará permanecer motivados. Por último, hay que poner una fecha de inicio y una de fin, marcar un tiempo para evitar posponer las acciones vinculadas al objetivo.

Debemos llevar estas metas de lo abstracto –como sería estar bien, ser feliz, no tener preocupaciones o disfrutar– a lo concreto –como, por ejemplo, los viernes con amigos, con nuestra pareja, apuntarnos a clases de pintura o música una vez por semana–; algo que nos acerque a las emociones que perseguimos, que nos permita transformar los deseos en objetivos.

En mi caso concreto, no parecía fácil encontrar un trabajo que reuniera todas las condiciones que me había propuesto, y realmente no lo fue, pero, cuando ya estaba pensando en tirar la toalla, encontré una oferta que parecía cumplir con todos mis requisitos:

# Se busca candidato
# para incorporación inmediata

(No es necesaria experiencia previa)

**Requisitos:**

• Que le guste trabajar al aire libre, en plena naturaleza.

• Buen comunicador, con ganas de ayudar e interés por aprender.

**Se ofrece:**

• Contrato indefinido.

• Residencia junto al trabajo, con fantásticas vistas.

*Interesados llamar al 555050505*

¡Era este! Llamé de inmediato, sin ni siquiera saber a dónde estaba llamando. ¿555? Un teléfono fijo que parecía propio de una película americana. Incluso pensé que quizá era una broma.

Al primer tono alguien, con una voz firme, contestó:

–Buenas tardes, al habla el farero de Airam. ¿Con quién hablo?

–Perdone –contesté–, creo que me he equivocado, yo llamaba por una oferta de trabajo. Debo haber marcado mal.

–No te has equivocado, es aquí. ¿Estás interesado en el trabajo?

–Perdone, creo que no. Creía que se trataba de otra cosa.

–Pues nada… Que tengas una buena tarde.

–Gracias y disculpe las molestias.

–No es molestia –y colgó.

No pareció molestarle.

Me quedé pensando durante un largo rato. ¿Un faro? Miré el póster de la pared con la intención de convencerme de que podría ser una decisión correcta. «¡Pues claro que no lo es! ¡No he estudiado psicología para trabajar de farero!»

Eso pensaba, como si hubiera oficios de primera y de segunda. Por aquel entonces todavía no me había deshecho de los prejuicios que, desde bien pequeños, sin querer, nos van inculcando, acerca del dinero, las nacionalidades, la política y un largo etcétera de creencias que, sin ser realmente nuestras, nos van filtrando poco a poco hasta formar parte de nosotros.

Por ejemplo, en aquella época creía que un arquitecto valía más que un albañil. Ahora sé que un albañil sin un arquitecto puede hacer una casa, mientras que un arquitecto sin un albañil tan solo puede soñar con una casa. Eso sí, si un buen arquitecto es consciente de lo mucho que necesita al albañil, puede hacer junto a él la mejor de las casas.

La voz del farero retumbaba en mi cabeza, no podía dejar de pensar en ello, me venían un sinfín de preguntas acerca del faro, del hombre y de cómo sería vivir en un lugar así. De modo que me puse a hacer una lista con los pros y los contras, que al final se podían reducir a dos puntos:

A favor: cumple con todo lo que quiero de un trabajo.

En contra: se supone que no tendría que gustarme.

¿Qué clase de motivo era aquel?

Este es un error muy frecuente a la hora de tomar una decisión o de juzgar algo que nos ha sucedido, se conoce como pensamiento emocional. Es la tendencia a considerar algo como bueno o malo, no en función de si nos conviene o no, sino teniendo en cuenta cómo nos hace sentir en ese momento.

Ir a vivir y trabajar a un faro me hacía sentir inseguro, por lo que sentía que no podía ser bueno, aunque cumpliera con todo lo que buscaba en ese momento en mi vida.

¿Cuántas personas vuelven con sus exparejas, a pesar de lo mucho que les han hecho sufrir, porque tras su ruptura se sienten solas o tristes, retomando relaciones que en el pasado les hicieron sentir mal y poco queridas?

Las emociones nos dan información acerca de cómo algo o alguien nos hace sentir, pero que sea agradable no implica que nos convenga o que no nos pueda causar mucho dolor en el futuro (de este modo funcionan las drogas y algunas relaciones). Del mismo modo, algo que nos causa incomodidad en un primer momento puede venirnos bien en el futuro.

Se había hecho la hora de comer, así que cociné una hamburguesa y abrí una cerveza mientras me sentaba en la terraza. No te imagines una terraza lujosa, apenas cabían dos sillas y una pequeñísima mesa que compré en Ikea. Sin embargo, estoy seguro de que una terraza más grande o bonita no hubiera afectado para nada al placer que sentí en ese momento: saboreaba esa fantástica hamburguesa, jugosa, tierna, al tiempo que la ayudaba a bajar con unos sorbos de cerveza, muy fría, casi congelada. Estaba disfrutando de ese momento y pensé: «Solo sustituyendo el ruido de la ciudad por el de las olas del mar podría mejorarse este instante».

Disfrutar de cada instante: pararse a saborear no solo la comida, sino también los pequeños momentos nos da la posibilidad de contar con microdescansos varias veces al día.

Esto se conoce como conciencia plena o atención consciente. Es la capacidad de prestar toda la atención a lo que en ese preciso instante estamos haciendo o nos rodea, sin que interfieran pensamientos relacionados con el pasado, el futuro u otros lugares distintos al que en el momento presente estamos ocupando.

Desarrollar la capacidad de dirigir la atención a nuestra voluntad resulta de gran ayuda a la hora de gestionar nuestras emociones y de ser capaces de disfrutar del presente.

Para alcanzar esta habilidad tan solo es necesario entrenar unos pocos minutos cada día fijando cada vez durante más tiempo la atención en el estímulo escogido.

Poder tener una conciencia plena con una hamburguesa y una cerveza me estaba pareciendo algo maravilloso... ¡Qué poco intuía yo en aquel entonces que en breve mi vida sería una constante de atención consciente y de felicidad!

# 6. El sueño

Me recliné, cerré los ojos para disfrutar por completo del sol que me daba en la cara y, poco a poco, fui quedándome dormido.

De pronto, y sin darme cuenta, me encontré en una playa con la arena muy oscura, casi negra, fina y caliente. Estaba atardeciendo y me vi a mí mismo sentado y comiendo mi hamburguesa, haciéndolo despacio. Justo en ese momento, a lo lejos, vi un barco de vela navegando hacia mí, con el viento por la aleta, cabalgando las olas. La sensación que me invadió fue contradictoria: por un lado, de fuerza, ya que era un barco de unos cuarenta pies con una popa y una proa estrecha, de los de antes, de los que cortaban las olas, y, por otro lado, lo veía acercarse peligrosamente a tierra.

¿Se habría dado cuenta? Si embarrancaba, la fuerza de las olas lo destrozarían. De repente un haz de luz cruzó el cielo, impactando contra su vela, los tripulantes se pusieron en marcha, cazaron las velas y empezaron a remontar mar adentro, en una ceñida que los alejaba de los bajos fondos. El capitán me miró con una sonrisa de agradecimiento y me saludó blandiendo su gorra. ¿Me estaba dando las gracias?

Me giré para ver de dónde provenía esa luz que había salvado a la embarcación y a su tripulación de embarrancar y allí estaba, imponente, un esbelto faro se alzaba como un guardián, era como un gigantesco soldado que decía: «Aquí ningún barco se verá sorprendido, no mientras yo vigile».

Una sensación de orgullo me invadió. Por lo visto, en mi sueño yo era el farero, el responsable de ese majestuoso edificio, capaz de salvar vidas, de superar el paso del tiempo y las inclemencias del mar y el viento, de advertir a esos intrépidos marineros que en medio de la nada hay un pequeño islote, pero que no tienen de qué preocuparse, porque allí estamos yo y mi faro para velar por ellos.

# 7. ¡Voy a ser farero!

Desperté y pensé: «Está decidido, ¡quiero ser farero! Cumple con todo los requisitos, no importa lo que los demás puedan pensar, tampoco si yo creo saber lo que es y lo que no es importante. Quiero ser el que les dice a los barcos:"Tranquilos, en estas aguas yo me encargo de que sepáis dónde hay tierra"».

Me levanté de un salto y fui hacia el teléfono:

–Hola, buenas tardes… Llamaba por lo del…

–Anuncio –contestó–. Llamaste ayer, ¿verdad?

–Sí, espero no haberle molestado, supongo que habrá recibido muchas llamadas pidiéndole el puesto…. Con tanta crisis.

–Nada, chaval, no te preocupes, lo cierto es que solo has llamado tú.

–¿Cómo? ¿Dónde le mando mi currículum? Estoy interesado en el trabajo.

–No es necesario currículum, preséntate el día de San Magín a las siete de la tarde en 39°59'49"N 4°15'59"E. Muchas gracias –y colgó.

¿Qué tipo de dirección era aquella? ¿Y San Magín? Yo que sabía cuándo es San Magín.

Sin más dilaciones, se lo pregunté al santo al que suelo encomendarme para estas tareas, San Google.

Ya tenía una fecha y un lugar. Ahora era el momento de informarme bien. Lo cierto es que nunca me habían citado de este modo, me pareció que tenía un punto romántico, como si se tratase de una prueba (y en cierto modo lo era).

Estamos muy acostumbrados a que todo sea fácil, que no queden cosas al azar, y justo era de eso de lo que pretendía escapar, de saber perfectamente como serían los próximos cincuenta años si no hacía algo para cambiarlo, ¡qué mejor manera de empezar que con un pequeño acertijo!

Al poco rato de investigar por internet, ya tenía toda la información y empecé a curiosear acerca del faro. Cuando lo vi en una fotografía, un escalofrío me recorrió: no se trataba de un faro cualquiera, ya lo conocía, era el faro de mi sueño.

Pasamos el 36% de nuestra vida durmiendo, alguien que viva noventa años pasará cerca de treintaidós durmiendo. Todo este tiempo de sueño parece molestar a algunos: vemos a economistas, brókeres, políticos, actores… hablando acerca de lo importante que es reducir tanto como sea posible nuestro descanso, de las bondades de dormir poco y madrugar mucho, de salir antes en esta carrera que parecen ser nuestras vidas;

dicen que, así, cuando el resto despierte, nosotros ya llevaremos horas de ventaja… ¿Horas de ventaja para qué? ¿Llegar a dónde?

Entre quienes ven en el descanso una pérdida de tiempo no encontrarás ni a neurocientíficos ni a deportistas de élite (estos últimos programan su descanso con la misma rigurosidad con la que planifican los entrenamientos).

El descanso es importante y los sueños también lo son, tal y como lo era este que arrancó de mi subconsciente y me plantó en la cara qué era lo que realmente quería hacer respecto al trabajo en el faro.

Cuando dormimos, el cerebro no solo no deja de trabajar, sino que activa unas determinadas zonas. Al dormir recuperamos y reemplazamos lo consumido durante el día. Nos permite ahorrar energía y conservar la memoria, otra de las funciones del descanso. Si después de aprender algo se priva a la persona del descanso, la capacidad de consolidar este aprendizaje disminuye de manera muy importante. Se ha demostrado que el descanso aumenta la creatividad y que la falta de descanso nos hace actuar de manera impulsiva y disminuye a su vez nuestra capacidad para conciliar el sueño. Entonces buscamos químicos como el alcohol, que, aunque parecen ayudarnos a conciliar el sueño, tan solo lo imitan, consiguiendo una sedación, en lugar de un descanso, por lo que no logramos los beneficios que el sueño reparador sí nos aporta.

De modo que, si el buen descanso ayuda en la toma de decisiones, mejora nuestra salud, las habilidades sociales y la capacidad de concentración y nos conecta con nuestras emociones y pensamientos reprimidos, mi sueño era el de ser un orgulloso farero y mi pensamiento el de que esa era una buena decisión. Lo más acertado era, sin ninguna duda, aceptar el trabajo. Los grandes retos suelen dar grandes motivaciones, tengo que confesar que me emocionaba la idea.

Al día siguiente, sonó el despertador a las seis de la mañana. Me levanté de un salto, algo asustado y algo emocionado también, recogí la ropa de la cama, desayuné en la terraza un café y una tostada con mantequilla mientras miraba todo con atención. No sabía cuándo vería de nuevo la ciudad, intenté grabar ese momento en mi memoria, mis últimas horas en la «civilización». Tras pasar por la ducha y recoger mis pertenencias más necesarias, hice el camino hacia el aeropuerto, observándolo todo con detalle. Es curioso cómo de repente uno puede prestar atención a cosas que le habían pasado desapercibidas. No hay mejor manera de vivir el momento que la de saber que quizá esta sea la última vez en mucho tiempo que vamos a ver o a hacer algo en concreto.

Una vez en el metro, observé a la gente de mi alrededor. «Me encanta esta ciudad», pensaba cuando un tipo con un tejón en el hombro se detuvo junto a mí. Solo en las grandes ciudades lo extraño se convierte en normal. Sin prestarle mucha atención y de manera apresurada, recorrí el largo pasillo que enlaza el metro con la estación principal y me dirigí hacia el andén del tren que me dejaría en el aeropuerto. En ese momento no lo sabía, pero esa sería la última vez en mucho tiempo en la que las prisas me impedirían disfrutar de una curiosidad, como la del hombre del tejón.

No podía creer lo que estaba a punto de hacer: iba a dejarlo todo atrás, mi profesión, la ciudad... Pasé el tiempo antes del embarque repasando todo lo que dejaría de formar parte de mi vida. Fue un vuelo plácido sin incidentes, como son la mayoría de los vuelos.

Una vez en mi destino, me acerqué a un taxi y le di la dirección:

–Al faro, por favor.

Me miró como quien mira a un loco.

–¿Eres tú? ¿Tú eres el nuevo farero?

–Sí –respondí–. Bueno, no sé, eso creo...

–Que tengas mucha suerte, se trata de un lugar muy solitario, y Juan no es muy simpático que digamos.

–Mal me lo pinta...

–No, no es mala gente, al contrario, es una buena persona en quien se puede confiar, pero algo solitario. Ya te aviso que Juan parece más un monje budista con pelo que un farero. Aunque lo cierto es que no conozco a ningún monje y Juan es el único farero que conocemos por aquí. Te estoy liando, chico, que te vaya muy bien, de verdad te lo deseo, hace falta un farero y Juan no podrá trabajar mucho más.

–¿Se jubila?

–Eso, muchacho, pregúntaselo a él, algunas cosas, mejor que las cuente uno mismo.

Se notaba una muestra de cariño y de respeto por parte del taxista hacia el farero. Supuse que, aunque pudiera encontrarse solo en el faro, era alguien a quien tenían muy en cuenta en el pueblo.

Los cuarenta y cinco minutos siguientes transcurrieron en silencio, por una carretera serpenteante, una de esas de dos sentidos por las que apenas cabe un coche. A ambos lados unos muros de piedra seca separaban el viejo asfalto de lo que tiempo atrás debían de ser tierras de cultivo.

–¿Y si nos encontramos con un coche de cara?

–Chico, como empieces a preocuparte por lo que puede suceder, esto se te va a hacer muy largo...

–¿El qué?

–La vida, chaval, la vida...

Ahora, al contártelo a ti, me viene a la mente esa cita de Mark Twain que dice: «He tenido miles de problemas en mi vida, la mayoría de los cuales nunca sucedieron en realidad».

–Ya hemos llegado, el resto te toca hacerlo a pie, en un par de horas ya lo tienes.

–¿Cómo? ¿Aquí? ¿No puede acercarme más?

–No, lo siento. Solo se puede ir en moto, a pie o en bicicleta. Enseguida el camino se vuelve muy estrecho y no pasan los coches.

–Pues nada..., ¡a andar!

Me colgué mi petate al hombro y empecé a caminar. Destino: 39°59'49"N 4°15'59"E.

A los pocos metros, había una cadena con un prohibido el paso y, a continuación, tal y como me adelantó el taxista, el camino se estrechaba. A mi derecha un acantilado y a la izquierda una gran explanada, parecía un paisaje lunar (o al menos era como yo imagino el paisaje lunar). El suelo estaba salpicado por montones de piedras de pizarra, oscura sin ninguna elevación, lo que permitía ver a kilómetros de distancia… Nada, kilómetros y kilómetros de nada.

«¡Qué diablos estoy haciendo aquí! –pensé–. Continúa caminando, Javi, me dije.» Empezaba a oscurecer, el cielo completamente rojizo, sobre el azul del mar, era sobrecogedor. Respiré hondo por la nariz y saqué el aire poco a poco por la boca y una sensación de paz me envolvió; el resto del camino pasó en un suspiro. Aquel lugar transmitía una calma que solo había sentido en el mar, años atrás, cuando había dedicado gran parte de mi tiempo a navegar. Me encantaba, solo tenía que preocuparme de pilotar el barco. No había nada más: el mar, el viento y el barco.

En tan solo un instante mi percepción cambió por completo, aquello empezaba a gustarme. Apenas llevaba un rato en el que sería mi nuevo destino y ya estaba viviendo en mi propia persona cambios importantes.

El primero de ellos, el de usar de manera eficaz las autoinstrucciones. Al exclamar «Pues nada…, ¡a andar!», pude redirigir mi atención y, como consecuencia, mi conducta y retomar la marcha. En la ciudad no me hubiera atrevido a darme un grito a mí mismo para motivarme, pero allí, en medio de la nada, allí sí podía expresar en alto aquello que tan bien me venía escuchar; esto aumentaba mi independencia y eficacia.

Más tarde utilicé de nuevo una autoinstrucción, «Continúa

caminando, Javi», al ver que empezaba a oscurecer. Además, esta vez la acompañé de forzar una respiración profunda y lenta, lo que me permitió no solo continuar, sino que me llevó también a ser capaz de fluir, de sumergirme en las sensaciones que el camino me ofrecía, en el paisaje, los olores, el viento... Podía prestar atención a todo y, en cambio, tenía la sensación de no pensar en nada.

No había necesitado ni un día para empezar a relacionarme de manera distinta con todo lo que me rodeaba. ¡El cambio empezaba bien!

# 8. Mi nuevo hogar

«No hay nada como quedarse en casa
para estar verdaderamente cómodos.»

JANE AUSTEN, novelista británica

Al poco, apareció ante mí el faro, todavía no entendía cómo
había podido soñar con un faro que ni siquiera sabía que exis-
tía. Desde cerca me parecía todavía más grande. Era un faro
enorme, en medio de la nada... Posiblemente, es uno de los
lugares más remotos y solitarios del mundo.

El inconsciente se alimenta de los recuerdos, las emociones
y las experiencias que vamos acumulando desde el primer día
de vida, antes incluso de nuestro nacimiento. Se trata de las
raíces de nuestros pensamientos que, aunque no podamos
verlas, están allí y alimentan cada uno de nuestros pensamientos y decisiones.

Freud hace más de cien años nos describió un inconsciente
oscuro y sucio, mientras que su discípulo Jung lo veía como
un compendio que incluía tanto las ideas culturales como las

colectivas. Hoy sabemos que los impulsos eléctricos incons-
cientes se adelantan en prácticamente seis segundos a nuestras
decisiones conscientes. Fue precisamente Jung quien afirmaba
que «un sueño sin interpretar es una carta sin abrir. El remi-
tente de la carta es tu inconsciente que tiene un mensaje para
ti».

Para mí el significado de ese sueño era que se trataba del
único lugar en el que podía aprender lo necesario para dar un
giro a mi vida. La metáfora de la luz en medio de la nada
ejemplificaba a la perfección cómo me sentía en ese momento:
vacío por completo, pero viendo a la vez una luz de esperanza
que me atraía como a una polilla.

Alto e imponente, como un castillo; delante de la puerta
una figura, que poco a poco, a cada paso, era cada vez más
nítida, quieto como quien guarda la entrada. Se fue definiendo
un hombre, alto, delgado, con las espaldas anchas, erguido, de
melena canosa y barba blanca. «No parece un monje», pensé
cuando me acerqué y vi que no hacía ningún gesto.

–Buenas tardes, ¿es usted Juan?

–¿Quién si no?

«Empezamos bien», pensé.

–Espero que no se te haya hecho largo el camino. Sígueme,
que te enseñaré tu habitación. Descansa y mañana te muestro
el resto.

Entramos por una puerta estrecha, Juan se agachó para
cruzar el dintel y yo hice lo mismo, aunque en mi caso no
fuera necesario.

Entramos en una sala grande, pero cálida y acogedora, que hacía a la vez de salón y de cocina, con una mesa, tres sillas y dos pequeños orejeros frente a la estufa de leña. A uno de los lados había tres puertas, que se correspondían con las dos habitaciones separadas por un pequeño baño, que constaba de una ducha, un inodoro y un lavabo.

Al lado opuesto de la estufa de leña, estaba la puerta al faro. La vivienda era un edificio construido con posterioridad para que pudiera vivir el farero con mayor comodidad. Antes de eso, el farero dormía y cocinaba en un espacio de apenas veinticinco metros cuadrados, algo menos de la mitad del espacio actual.

El antiguo faro, de mediados de 1800, era una imponente torre de cerca de setenta metros recorridos por sus casi cuatrocientos escalones incrustados en la pared y que dejaban ver por el hueco central toda la altura de esa maravillosa construcción. Cada pocos metros, una argolla de hierro sostenía una gruesa cuerda trenzada para agarrarse al subir los escalones.

Juan cruzó la sala, entró en la habitación que quedaba justo al lado contrario y me dijo:

–Aquí la cama, el armario y la mesa.

–¿Y el baño?

–La puerta de al lado. ¡Ah! Y no, no tenemos televisión, ni internet... Aquí es cuando soléis marcharos... –sentenció.

–¿Cómo puede ser? Si hoy en día hay internet hasta en los lugares más remotos.

–Pues aquí no, solo funciona el teléfono de cuando en

cuando y un generador que utilizamos para la luz del faro. Por eso este es uno de los últimos faros con farero, porque no nos quiere dejar marchar.

–¿Como a un prisionero?

–No, como a un amigo. Si te quedas el tiempo suficiente, estoy seguro de que te darás cuenta de ello.

La habitación era como la celda de un monasterio: una cama metálica, un pequeño armario de madera, más parecido a una taquilla que a un armario, un escritorio y, encima de este, tan solo un viejo transistor a pilas y una pequeña lámpara para poder leer o escribir.

No podía dejar de pensar en todo lo que no tenía. Sin ordenador y con una tableta y un móvil que solo servían como pisapapeles, ya que allí en medio de la nada no había ni cobertura ni internet. De pronto me encontraba cincuenta años atrás, en ese lugar no había pasado el tiempo.

Rendido de cansancio, por el largo viaje, me metí en la cama.

Al día siguiente, un rayo de luz anaranjada que se colaba por el ventanuco del cuarto fue despertándome poco a poco. Miré la hora, las 6:18.

Curiosamente, y a pesar de lo temprano que era, no me sentía nada cansado, seguramente porque esta era la manera más natural de despertarse. Ajustar nuestro ciclo a las horas de luz, tal y como lo hacían nuestros antepasados, reduce de manera importante el estrés y yo empezaba a sentirlo ya desde el primer día. Además, al ser un despertar muy progresivo, que arranca con un tenue hilo de luz que se va intensificando muy despacio a medida que pasan los minutos, tenemos una sensación muy placentera y alcanzamos un estado de ánimo mucho mejor que cuando el brusco y estridente ruido del despertador nos arranca de nuestro descanso.

Me calcé y, tras pasar por el baño, salí. El espectáculo era impresionante, apenas había dado unos pocos pasos y me encontraba al límite de un sensacional acantilado, a mis pies una caída de cientos de metros, las olas rompían debajo de mí y un canal de aire salado me recorría desde los pies hasta la cabeza refrescando y trayendo consigo recuerdos de juventud. Sin internet ni tele, sin ruidos artificiales, solo yo, el sol, el mar y el viento.

Antes solía dedicar cerca de tres horas y media al móvil y la televisión, de manera que la forma más fácil de contar con tiempo extra solo requería prescindir de estos dos aparatos.

–¡Aquí y ahora! –exclamé.

Respiré hondo y disfruté de ese instante de conciencia plena.

Fue uno de esos momentos en los que el tiempo adquiría otra dimensión, se agudizaban los sentidos; durante un instante, me sentí completamente inmerso en la experiencia de estar de pie junto a ese acantilado.

Para poder vivir un momento como el que te comento, es necesario conocer algunos aspectos acerca del mindfulness.

Lo primero es aceptar que constantemente ocurren cosas y que muchas de ellas escapan a nuestro control, pero las personas no valoramos nuestras vidas en función de lo que nos ocurre, sino que tenemos en cuenta las experiencias vitales, y estas se forman a partir de lo que sucede y el modo en como interpretamos nosotros lo que nos sucede.

Lo que sucedía era más bien poco: un suelo rocoso, un acantilado con una caída de muchos metros y un mar embravecido. Con esta información, una persona podría pensar que era un lugar peligroso; otra, que se podría caer; otra, que allí, en medio de la nada, echaba de menos a los suyos; otra, que no había lujos, y otra, que aquel era un bonito paisaje, tranquilo, sin amenazas ni problemas... El suceso es el mismo para todos, pero el modo en cómo lo interpretemos modifica la experiencia por completo.

Esto me hace pensar en Viktor Frankl, quien en su obra *El hombre en busca del sentido* compartió su experiencia en un campo de concentración nazi y afirmó en su libro que «al hombre se le puede arrebatar todo, salvo una cosa: la última de las libertades humanas, la elección de la actitud personal ante un conjunto de circunstancias para decidir su propio camino».

En ese acantilado, que nada tenía que ver con un campo de concentración, la situación era la que era, ni buena ni mala, pero la interpretaré de un modo u otro en función de dónde ponga el foco.

El mindfulness requiere que entrenemos dos capacidades: una relacionada con nuestra actitud, y esta debe ser abierta, curiosa y sin juzgar, y la otra relacionada con una atención centrada en el momento presente, así que debemos ser capaces de enfocarla momento a momento.

Te puede resultar de ayuda que cuando quieras entrar en este estado te hagas antes la pregunta: ¿puedo estar bien con esto que está sucediendo en este instante?

La conciencia plena requiere de práctica en meditación, ya que la mente tiene tendencia a deambular (eso es lo que suele hacer la mayor parte del tiempo). En ocasiones se va hacia los recuerdos, y, en ocasiones, le da por empezar a hacer planes; el reto es aceptar que esto sucede y, con entrenamiento, traerla de nuevo al momento presente.

Está demostrado que la meditación reduce el estrés y la depresión, mejora nuestras capacidades cognitivas e, incluso, lo que es más importante, aumenta la sensación de felicidad en quienes meditamos de manera habitual.

No es una cuestión de dedicarle mucho tiempo, no hace falta tener la tarde libre para ello, ni siquiera una hora, basta con entrenar un poco esta capacidad para poder vivir pequeños momentos de conciencia plena a lo largo del día.

Sigamos… Al entrar de nuevo en el faro, me encontré con Juan, que alargó la mano con una sonrisa ofreciéndome un café en una vieja taza metálica roja con un bergantín dibujado en negro, una de esas de acero que utilizaban en los veleros, ya que el cristal y los barcos no suelen llevarse bien.

Acerqué la nariz a la taza, cerré los ojos y de nuevo me transporté en el tiempo; en esta ocasión, a casa de mis padres.

–Es la segunda vez que un olor me hace viajar –comenté.

–Es por los ruidos.

–¿Qué ruidos? –pregunté.

–Los de tu cabeza. Los olores siempre nos evocan emociones. Es normal que la colonia del abuelo te recuerde a su cariño o el olor de una parrillada te haga revivir lo divertido de esos veranos de cuando eras tan solo un niño. Esta conexión está relacionada con nuestra supervivencia, cuando nuestros antepasados necesitaban de su instinto y reflejos para sobrevivir. La diferencia entre que una fiera les pudiera comer o no estaba muchas veces en el tiempo extra que les daba el poder saber que se acercaba sin necesidad de verla, tan solo por su olor. Es por eso, Javi, que los olores nos generan emociones más duraderas incluso que las provocadas por lo que hemos visto o escuchado.

–No tenía ni idea.

–Tú no, pero hay otros que sí lo saben bien y lo utilizan incluso para manipularte. En algunos hoteles tienen un difusor junto a la puerta para generar en ti el estado de ánimo ideal para que decidas quedarte en el establecimiento. En los centros comerciales también utilizan diferentes fragancias para motivarte a comprar. Incluso muchas tiendas expulsan fragancias desde sus locales con el objetivo de despertar tu apetito o cualquier otra sensación que pueda hacer que sus productos te resulten más apetecibles.

Tiempo más tarde investigué acerca de lo que Juan me explicó y aprendí algunas cosas muy interesantes, como que somos capaces de recordar cerca del 35% de lo que olemos. Esto que seguramente te parezca imposible es muy fácil de demostrar: es posible que no recuerdes el color de las paredes de casa de tus abuelos, pero seguro que si volvieras a oler su perfume los recordarías al instante y te aparecería la emoción que sentías cuando estabas con ellos, como si no hubiera pasado ni un solo día desde que ya no están. Esto nos pasa porque el sistema olfativo está íntimamente relacionado con el sistema límbico, que es el encargado del aprendizaje, las emociones y la memoria.

El olor se convierte en recuerdo cuando, como el del café que esa mañana llegó al sistema límbico, donde está el hipocampo (que es capaz de relacionar el olor del café con recuerdos de las mañanas junto a mis padres en las que compartíamos desayuno con una taza de café recién hecho) y, por otro lado, también llegó a la amígdala (que relaciona el olor a café con la emoción que sentía durante mis desayunos en familia). El olor era el del café, pero el recuerdo era el del hogar.

–Me parece sorprendente todo esto y me extraña, y entiende que lo digo desde el respeto, que tú…, un farero…, sepas tantas cosas acerca de las emociones… Y yo, licenciado en psicología, no tenga ni idea.

–De nuevo estás juzgando, Javi. Tú sabes que ahora soy farero y has dado por sentado que eso es todo lo que he hecho o todo lo que sé…

–Perdona si te he ofendido, Juan –dije interrumpiéndole.

–No, no me has ofendido, de hecho, ofender es algo que solo puede hacerse uno mismo o la persona a quien tú decidas prestarle tu autoestima en un aspecto en concreto. Yo sé que, por el momento, no me conoces demasiado, de manera que, cuando opinas sobre mí, me lo tomo como lo que es: la manera que tienes de compartir conmigo tus anteriores creencias, tus prejuicios, y eso me ayuda a conocerte incluso mejor que cuando me hablas de ti mismo. Lo que Antonio dice de Pedro dice más de Antonio que de Pedro.

Juan tenía siempre la capacidad de encontrar el motivo tras una crítica, y eso le permitía saber si merecía ser tomado en cuenta mi comentario o no. Estarás de acuerdo en que no fue afortunado, pero no le hizo dudar ni le enojó lo más mínimo; es más, se sintió bien con él, ya que le daba la oportunidad de conocerme mejor.

–Cuéntame, Juan, ¿cómo sabes todo esto?

–No tengo inconveniente en hablarte acerca de quién soy y cómo he llegado a este remoto faro. Recuérdamelo mañana, y estaré encantado de explicártelo, pero sigamos en cómo perdiste la capacidad de escuchar a tu instinto. ¿Sabes?, todos tenemos esta capacidad, es innata y nos viene acompañando desde hace miles de años, pero entonces vienen las obligaciones, las prisas, el llegar tarde a todas partes y, entre muchas otras cosas, dejamos de prestar atención a lo que nos rodea y a cómo nos hace sentir. Es necesario un poco de silencio para poder interpretar correctamente nuestros instintos; de lo contrario, nos ocurre lo que terminamos por llamar ansiedad, se nos acumulan un montón de sensaciones y reacciones en el corazón, la respiración... Nos mareamos... Al principio, nos parece que no encajan con nada de lo que nos pasa y, en realidad, están mucho más relacionadas con nuestro ser más profundo.

Toda la teoría psicológica que yo sabía y respaldaba las palabras de Juan vino a mi mente. Vemos mucho más de lo que creemos, hay mucha información que nos llega a través de la vista que, aunque captada y procesada, no forma parte de nuestra experiencia consciente. La amígdala es capaz de reaccionar ante imágenes que captamos durante tan solo treinta y tres milisegundos, que es un tiempo muy inferior a lo que necesita la mente consciente para registrar lo que hemos visto, de modo que se da la emoción sin que intervenga la conciencia.

Aprender a diferenciar la intuición, que incluye todo lo que no tenemos tiempo de procesar, del prejuicio alimentado de complejos e ideas irracionales marca la diferencia entre las buenas y las malas decisiones.

La intuición acostumbra a venir acompañada de sensaciones físicas como la tensión muscular. Aprender a leer estas sensaciones que nos advierten de los peligros o se corresponden con seguridad permite, de manera muy sencilla, aprender a interpretar la intuición, tan útil y necesaria, y a diferenciarla de los prejuicios, que tantas veces nos llevan a tomar decisiones equivocadas.

La idea de cambiar de vida e irme a vivir a un faro era, por supuesto, lo más alejado que se podía estar de mis ideas preconcebidas y, sin embargo, mi instinto me decía que estaba tomando la mejor decisión.

Se lo hice saber a Juan:

–Esto exactamente es lo que me ha llevado a estar hoy aquí

contigo en el faro y, curiosamente, cuando me he alejado de los supuestos expertos, me he encontrado contigo, que me has enseñado más psicología tomando un café que algunos de mis profesores durante todo un curso.

–Quizá, alguno de esos profesores tampoco sea capaz de escuchar ya sus instintos, pero estoy seguro de que muchos otros conservan esa capacidad y, quizá, de otro modo, lo intentan compartir con los alumnos, pero para aprender algunas lecciones como esta hace falta que se encuentren en el momento adecuado los dos..., el alumno y el maestro. Por eso, los estudios son importantes, pero de poco sirven si no se les suma la experiencia.

Estaba claro, Juan era una persona sabia.

Después de tomar aquella maravillosa taza de café, salimos de la sala al exterior del faro. Pasamos el resto del día cuidando los alrededores, con el mantenimiento de los caminos y limpiando la basura de sus márgenes, que los pocos aventureros que se acercaban dejaban a su paso. Recuerdo cómo ese día empecé a criticarlos mientras recogíamos algún bote de bebida isotónica o una cámara de bicicleta.

–¿Cómo les puede gustar el deporte y la naturaleza y a la vez ser tan guarros? –exclamé.

Y, como de costumbre, sin cambiar su gesto, Juan me regaló otra lección:

–Las personas no son una sola cosa, uno puede ser buen amigo para unas cosas y mal amigo para otras. Creer que alguien, por tener una cualidad que te gusta, va a hacerlo todo como tú quieres es lo que nos lleva a menudo a llevarnos grandes desengaños. Piensa que la persona más despreciable que puedas imaginarte seguro que tiene alguna buena cualidad, y que quizá ama a los animales o es un artista capaz de pintar el más bello de los cuadros o cocinar como nadie. Estos chicos que han pasado por aquí aman el deporte, la naturaleza y seguramente la amistad, pero han olvidado que la naturaleza también necesita que la cuiden. No te enfades, no los juzgues. Podemos ayudarlos nosotros esta vez y quizá un día bebas más de la cuenta y te ayude uno de ellos a llegar a casa o socorra a alguien a quien quieres en la carretera... No somos una sola acción. Sé bondadoso con ellos y en el futuro, cuando tú o yo fallemos, podremos serlo también con nosotros mismos.

Esto que acababa de hacer yo, se conoce como efecto halo, y es algo que hacemos todos o casi todos. Menos Juan y, gracias a él, yo ahora tampoco lo hago.

El efecto halo es la tendencia a juzgar en un sentido positivo o negativo a partir del primer juicio realizado. Como la primera información que recibí de esos deportistas era que habían actuado de manera descuidada con la naturaleza, di por sentado que el resto de las cosas que podía llegar a conocer de ellos irían en el mismo sentido. Cuando en realidad, si intentaba olvidarme de ese detalle, el resto de información que tenía de ellos era más bien positiva: un grupo de amigos que pasaban su tiempo de ocio haciendo deporte al aire libre.

Muertos de cansancio terminamos un día de trabajo duro y

de una amistad sincera que empezaba a forjarse. Me fui a la cama impresionado por la capacidad que tenía Juan de compartir su sabiduría a partir de cualquier detalle, y cómo lo hacía sin juzgar, sin hacerte sentir mal.

# 9. El pasado de Juan el farero

«No puedo volver al ayer
porque ya soy una persona diferente.»

Lewis Carroll, escritor británico

Arrancaba un nuevo día, otro más en el faro, pero esta vez mucho más oscuro, tanto que me resultaba imposible saber qué hora era. Apenas un tenue rayo entraba en el salón tras atravesar con dificultad las nubes, pero mi ánimo era bueno, no me importaba saber que sería seguro una dura jornada de trabajo, ya que el faro se vuelve mucho más exigente cuando no brilla el sol.

Me asomé a la ventana meditativo: «¿Quién sería Juan?, ¿a qué se habría dedicado antes de recalar en este extraño destino?». Noté enseguida su presencia detrás, me giré ya con una sonrisa mientras escuchaba un:

–Buenos días, Javi.

–Hola, Juan –respondí–. ¿Me cuentas?

Estalló en una sonora carcajada.

–Ya veo que no me libro –dijo al tiempo que me hacía un guiño, no con poca dificultad, con el único ojo con el que era capaz.

Nos sentamos y mientras tomábamos a pequeños sorbos nuestro café, empezó su relato.

Resultó que ese viejo farero nació en un pequeño pueblo junto al mar, aunque eso era de esperar. Era de una familia acomodada e hijo de un famoso deportista. Al no conocer yo a su padre, no tenía ni idea de qué habría heredado de él, pero se podía reconocer su buena imagen: postura erguida, cuerpo atlético y ese instinto un tanto loco de los deportistas de élite, que les hace tener un reflejo especial para las situaciones de la vida. Era de ese tipo de personas, de los que no esquivan los problemas y de los que les hacen frente.

Es curioso que Juan empezara su relato acerca de quién era hablándome de quiénes eran sus padres, esto es seguramente consecuencia de su gran intuición y el conocimiento que también de manera instintiva había acumulado acerca del comportamiento humano.

Uno no puede ni saber ni explicar realmente quién es sin conocer sus referentes, sus orígenes, aquellas personas en las que se ha fijado, quienes le han mostrado lo que debe considerar correcto o incorrecto: padres, maestros, amigos, vecinos, compañeros de colegio, del barrio, del trabajo y un largo etcétera de personas de las que por aprendizaje vicario interiorizamos el modo de actuar.

Naturalmente, Juan no era solo eso, no era su padre ni su madre ni ninguna de las otras personas que le habían influido, pero todos esos hombres y mujeres habían determinado de manera muy importante la persona en la que se había convertido. Volvamos a la historia de mi mentor, el farero. Juan no tardó en ir a estudiar al extranjero, alejándose del confort que seguro le hubiera brindado vivir en un pueblo siendo el hijo de una conocida familia y trabajar en la empresa familiar. En cierta forma, me veía reflejado en él.

Una vez finalizados los estudios universitarios y con un postgrado en una reconocida universidad, realizó algunos trabajos sin mucha importancia para ganar experiencia hasta que terminó por entrar, tras un largo proceso de selección, en una multinacional. Su ascenso fue rápido y llegó a ser, cuando apenas tenía treinta años, uno de los directivos más prometedores de su compañía.

Estaba casado y con dos hijas que no veía casi nunca por el trabajo. Viajaba continuamente, muchas horas de trabajo, reuniones, viajes, buen salario… Y todo lo que rodea a ese mundo, pero sin tiempo ni para él ni para los suyos; y, según él, sin ser feliz en el trabajo y perdiendo día a día a su familia por no estar con ellos.

Escuchándole con gran interés y plena consciencia, veía lo que había hecho yo mismo unos meses antes. Un día renunció a todo eso y se encaminó hacia lo opuesto. De dirigir una gran empresa, a ser quien cuida solamente de un faro. Y sobre todo en un lugar en el que la tradición alcanza su máxima expresión, ya que las cosas se seguían haciendo prácticamente del mismo modo como se hacían hacía más de cien años. De dirigir un numeroso equipo de personas, pasó a trabajar solo. De las prisas y los viajes, a tener que ocupar parte del día con lecturas o paseos al aire libre y cuidar del faro.

Mientras le escuchaba me resonaban en la cabeza las palabras que tantas veces solía decirme mi padre: «Lo difícil de la vida es hacerla fácil».

–Javi, te voy a comentar una anécdota que me molestó mucho cuando sucedió, pero que ahora, con el tiempo, me hace reír cada vez que la recuerdo.

»En una ocasión hice un viaje en avión por trabajo, sentado, como siempre nos ponían a los directivos de nuestra compañía, en *business* y en primera fila, a poder ser. Estaba tan cansado después de madrugar y de horas de reuniones intensas que en cuanto me senté me dormí.

»No te he explicado que me gusta mucho la música, es fundamental para sentirse bien, evocar recuerdos o emociones, tranquilizarte, estar animado… Javi, recuerda que la música son emociones. Desde la antigüedad la música se ha considerado un arte. Es un código, un lenguaje universal, que está presente en todas las culturas de la historia de la humanidad. Curiosamente, los signos jeroglíficos que representaban la palabra "música" eran idénticos a aquellos que representaban los estados de alegría y bienestar. Y, en China, los dos ideogramas que la representan significan "disfrutar del sonido". Es curioso que los significantes utilizados para *música* en diferentes idiomas representen también conceptos asociados con sensaciones agradables y placenteras. Posiblemente, los orígenes de la utilización terapéutica de los sonidos y la música se remonten al principio de la humanidad. En Platón ya encontramos que "la música era para el alma lo que la gimnasia para el cuerpo", reconociendo esa relación entre música y emociones, que posee determinadas cualidades o propiedades que inciden en nuestras dimensiones emocional o espiritual.

Hacía rato que Juan se había ido del tema, pero yo le miraba intentando contagiarme de toda su sabiduría. Ni por un momento pensé en reconducir su discurso:

–La música nos ayuda a liberar tensiones, a emocionarnos, a relajarnos y a evocar recuerdos. En cualquier etapa de nuestra vida, ya sea en la juventud o en la vejez, la música nos marca porque siempre proporciona sensaciones placenteras. Nos carga de energía; hace más de treinta mil años, el hombre ya usaba flautas de hueso e instrumentos de percusión para comunicarse emocionalmente. El placer que sentimos al escuchar música y las emociones que nos invaden al hacerlo se relacionan íntimamente con la liberación de dopamina, que genera respuestas de reforzamiento positivo y de recompensa.

»Javi, disculpa, pero ya tengo algunos años y sigo siendo un nostálgico. A lo que íbamos, uno de mis cantantes favoritos es Frank Sinatra, quien, casualmente y sin que yo me diera cuenta, iba sentado a mi lado durante un trayecto de cuatro horas. El mismo Frank Sinatra a mi lado. ¡Y yo sin enterarme!

Por el impacto de la ruedas en el asfalto al aterrizar me desperté.

»Me giré medio somnoliento y no daba crédito a lo que veía. Pensé por un momento que era un sueño, y no, estaba despierto, dentro del avión. Allí vi por primera vez con quién había pasado las últimas cuatro horas. Le saludé tímidamente con una sonrisa y él me la devolvió, imagino que pensando que vaya siesta me había pegado. No me atreví a preguntarle si había roncado.

»Creo que, entre otras muchas cosas de mayor importancia, como no disponer de tiempo para mí, mi familia o mis amigos... De hecho, perdí a mi familia por no estar por ellos ni con ellos, y de esto sí que me arrepentiré toda mi vida... Bien, pues, esta anécdota, que demuestra que no vivía, también explica por qué decidí cambiar el lujo por la austeridad, las grandes empresas por un magnífico faro, los grandes sueldos por disponer del tiempo.

»¿De qué sirve viajar en primera si te pasas el vuelo durmiendo? ¿Para qué disponer de dinero si no tienes tiempo para gastarlo, si no puedes disfrutar de las pequeñas cosas, de la familia, de los amigos? Es mejor una cena con tu familia donde puedas compartir tu día a día o escuchar sin prisa un vinilo de Sinatra, como los que, por cierto, tenemos en nuestro viejo faro, que sentarse junto al mismísimo Frank Sinatra durante algunas horas sin ni siquiera ser consciente de su presencia.

»Recuerda, Javi, haz las cosas que te gusten, disfruta de los pequeños momentos, de tus amigos, de tu familia... Dales vida a los años y no años a la vida, porque vivir… se vive todos los días, mientras que morir se hace una sola vez.

Este era mi viejo amigo Juan, el que tuvo dos vidas vividas, una primera que es la que muchos desean y una segunda que es la que, sin saberlo, muchos, yo incluido, quieren.

Le escuché durante un largo rato con atención, creo que esa fue la primera vez que fuera de las entrevistas de trabajo tenía interés real en conocer la vida de alguien. Allí, sin distracciones ni interrupciones, resultaba mucho más sencillo escuchar, estar sumergido en su historia, que tan solo interrumpía para pedirle más detalles sobre las partes que consideraba más importantes.

Siento que no era consciente de que antes solía escuchar para convencer, ansioso por tener mi turno a la hora de poder contar aquello que me interesaba. En cambio, en esa ocasión me movía la curiosidad y el interés por conocer a Juan. Quería entender cómo alguien como él había ido a parar a un lugar tan remoto como aquel.

Escuchar con atención e interés sincero me dio la oportunidad no tan solo de entenderle, sino también de tomarle como ejemplo y ser capaz de aprender de sus experiencias como si hubieran sido mías.

Aprender a escuchar me ha permitido acumular experiencia de otros como si fueran mías, y eso me ha llevado a ser capaz de compartir las que yo sí he vivido. Pero solo cuando pienso que para los demás pueden ser de utilidad. Escucho sin juzgar y aprendo siempre. A veces aprendo qué decisiones no son acertadas y, en otras ocasiones, cuál es la mejor manera de actuar.

# 10. Cuidarnos (8/8/8)

«Mantener el cuerpo saludable es una obligación (...),
de lo contrario, no podemos mantener nuestra mente
fuerte y clara.»

BUDA, líder espiritual y maestro indio

El reloj que teníamos sobre la chimenea tocó las ocho.

–Venga, a trabajar –exclamó.

–¿Qué prisa hay?

–Aquí somos de un club muy selecto, y para ser de este club es necesario empezar a trabajar a las ocho de la mañana.

–¿Me tomas el pelo?

–Nada más lejos, Javi. En este faro estamos solos y es necesario que nos tomemos muy en serio dedicar tiempo a todo lo importante. Imagina que, sin darnos cuenta, por dejadez o pereza, empezamos a descuidar el faro. Este empezaría a fallar y podría embarrancar algún barco, con el peligro que ello supone. Por otro lado, en caso de descuidar nuestro ocio, terminaríamos por perder la ilusión e incluso podríamos caer en una depresión, lo que estando aquí solos sería fatal. Y si prestáramos poca atención a nuestra alimentación o al descanso, terminaríamos por enfermar, sin nadie que nos pueda asistir cerca; de nuevo, la cosa se podría poner muy complicada.

»Por todo ello es tan importante cumplir con la norma del club del 8. Entre las 8:00 y las 16:00 nos dedicaremos principalmente a trabajar; entre las 16:00 y las 24:00, a hacer todo aquello que nos divierta y nos haga sentir bien, y entre las 24:00 y las 8:00 descansaremos. Lo principal será siempre cuidarnos, naturalmente, con una cierta flexibilidad. Podemos disfrutar si tenemos alguna visita por la mañana o trabajar de madrugada si hay alguna emergencia, pero, en general, centraremos el máximo de atención durante la mañana a todo lo necesario para que nuestro faro esté en perfecto estado, la tarde la dedicaremos a todo aquello que nos pueda hacer felices y la noche a descansar, asearnos…

–Parece razonable.

–Lo es, Javi.

–Pues sí que es muy selecto este club… Hay que encontrarse en un faro lejos de la civilización para poder formar parte…

–No te creas, aunque no todos pueden dividir el día en tres partes exactas como haremos nosotros, sí pueden hacer lo posible por repartir su día entre trabajo, ocio y cuidado personal, a veces encajando una siesta o un paseo al mediodía, haciendo una llamada a un amigo en un rato de descanso o disfrutando del viaje de casa al trabajo.

–Creo que veo por dónde vas.

–Es tan importante el café de esta mañana como engrasar la maquinaria. Eso sí, aprende a disfrutar de ello y tendrás la sensación de no volver a trabajar nunca.

–Espero poder llegar a conseguirlo.

–Verás como sí. Para ser el farero que puedes llegar a ser, deberás aprender algunas lecciones.

Durante semanas, sin darme cuenta, Juan fue enseñándome las lecciones que sabía que me permitirían ser un buen farero y lo que luego descubrí que era todavía más importante: ¡una buena persona, una persona feliz! Recordé algo que dice la Organización Mundial de la Salud en su Carta Constitucional de 1946: «La salud es un estado de completo bienestar físico, mental y social, y no solamente la ausencia de afecciones o enfermedades».

De modo que para cuidarnos no podíamos descuidar ninguno de estos tres aspectos. El físico, el mental y el social. Para cuidar el físico, programábamos con mimo el descanso, la alimentación y el deporte. La parte mental la cuidábamos con conversaciones de estilo socrático que nos permitían gestionar pensamientos y emociones de la mejor manera. Y la parte social, con el contacto sincero con quienes tuvieran cualquier relación con nuestro faro, ya fuese por radio o en persona.

Aunque no sabía que pronto todo volvería a cambiar de forma abrupta, mi nueva vida se iba conformando de este modo felizmente.

# 11. Cuánto pesa la soledad

«Que agradable sorpresa es descubrir que,
al fin y al cabo, estar sola no es necesariamente sentirse sola.»

ELLEN BURSTYN, actriz estadounidense

En un nuevo amanecer, mientras daba el primer sorbo al café, me di cuenta de lo feliz que era. Por primera vez me sentía tranquilo y en paz. Tenía un trabajo que me llenaba, en un lugar paradisíaco y con un jefe del que podía aprender. Justo cuando se cruzó ese pensamiento por mi cabeza, me di cuenta de que esto último no podía durar mucho, ya que el motivo de que yo estuviera allí era que tenía que sustituir a Juan. En aquel entonces yo creía que era porque se jubilaba, más adelante conocí el verdadero motivo. ¿Sería capaz de hacer lo mismo sin la ayuda ni la compañía de Juan?

Así que le pregunté:

—Juan, ¿cuánto tiempo estaremos juntos antes de que continúe yo solo con tu trabajo?

–Hasta que estés preparado.

–Tú y tus adivinanzas.

–Ya sé que aún te gusta dividirlo todo en días, semanas y meses, pero ¿no ves que aquí no hay diferencia entre el domingo y el lunes? Hay cosas que llevan su tiempo y que por más que nos lo propongamos no pueden ir más deprisa ni más despacio, pasan cuando tienen que pasar.

–¿Qué cosas?

–Tanto tu preparación como el motivo de mi marcha. Si yo intentara enseñarte lo necesario para llevar el faro en unas pocas semanas, tan solo conseguiría confundirte. Irás aprendiendo a medida que te encuentres preparado.

–¿Y el motivo de tu marcha?

–Esto también tiene su proceso... Ya lo hablaremos.

Di un nuevo sorbo al café y, mirándole, le hice de nuevo una pregunta:

–¿Pesa mucho la soledad?

Y él me respondió del siguiente modo:

–Mira, Javi, las personas no estamos hechas para vivir en soledad.

–Pero tú estás aquí solo –comenté.

–No del todo, hablamos por radio con los barcos que se acercan a nuestra costa, hablamos una vez al mes con quienes nos traen la comida y el resto de los productos, y de vez cuando, con algún aventurero que se acerca por aquí.

–¿Y eso es suficiente?

–Para mí, sí. Tú tendrás que ir viendo durante cuánto tiempo puedes aguantar el peso de la soledad sin padecer. Esto que te contaré sirve para todas las emociones desagradables, no solo para la soledad, también para la pena, la culpa, el estrés, la ira... ¿Cuánto pesa la taza de café que sostienes en tus manos?

–Nada, esta taza apenas pesa.

–Pues con estas emociones sucede algo parecido. ¿Qué pesa un minuto de soledad? Apenas nada, pero imagina que por algún motivo tuvieras que sostener esa taza durante todo un día. Entonces sí que empezaría a pesar, ¿y si la tuvieras que sostener durante una semana o un mes?, ¿y si la tuvieras que sostener durante un año?

–Imposible.

–Seguramente no podrías descansar, te resultaría muy in-cómodo comer, apenas podrías moverte. Pues eso mismo ocurre con todas estas emociones. Ahora bien, si tras un rato sujetando la taza, la dejas en la mesa, enseguida podrás volver a alzarla y de nuevo te parecerá que no pesa nada.

–Creo que ya te entiendo: no pasa nada por sentirse solo, o triste, o angustiado, siempre y cuando te sientas así solo un corto periodo de tiempo.

–Justamente, que no te importe agarrar la taza, abrazar la soledad o la tristeza o ser consciente de que tienes mucho trabajo, mientras tomas ese café, pero al acabar asegúrate de dejar el peso de la taza junto a ella y no lo sigas cargando durante el resto del día.

En mi vida anterior, en la que transcurría en la ciudad bajo la influencia de vecinos, familia, amigos y también de televisiones, móviles y redes sociales, en esa vida tenía la sensación de estar obligado a sentir emociones agradables. Por todas partes veía éxito y felicidad, todo el mundo parecía estar en forma, feliz y con dinero de sobra. Mi sensación era que a todos les iban las cosas mejor que a mí, y que yo, por mucho que me esforzara, no podía más que sentirme triste, ansioso y con la sensación de que se me escapaba la juventud como si fuese un puñado de arena entre mis dedos. Y lo peor de todo es que esto me hacía sentir doblemente mal.

Cuendo sentía una emoción que ya de por sí sola era desagradable (angustia, tristeza, pena, rabia,… cualquiera de ellas), además venía acompañada de la vergüenza que sentía por creer que el resto de las personas no tenían ese tipo de sensaciones, lo que no hacía más que agravar mi malestar.

Por el contrario, la vida en 39°59'49"N 4°15'59"E, aunque dura, era mucho más tranquila: disfrutaba de cuidar el faro al tiempo que vigilaba con Juan que ningún barco embarrancase en nuestra costa. Allí, además, estaba permitido tener un mal día. Podía expresar cualquier pensamiento sin temor a ser juzgado. Curiosamente, el único lugar en el que no sentía emociones desagradables era el único lugar en el que estas estaban permitidas. Quizá era por eso, quizá aceptar que en ocasiones me sentía solo hacía que ese pensamiento no pasara de ser eso, una idea fugaz, mientras que, cuando había tenido ese mismo pensamiento en la ciudad, había luchado con todas mis fuerzas contra él, intentando negarlo, lo que alimentaba aún más mi malestar.

Tal como me dijo Juan aquel día, debía aprender a manejar mis emociones para que, como hacía con la taza de café, pudiera saborearlas y ser luego capaz de dejarlas ir, sin tener que continuar cargando con ellas.

Muy pronto aprendería a abrazarlo todo sin cargar nada.

# 12. El margen del camino

«Lo que hacemos por nosotros mismos muere con nosotros,
lo que hacemos por los demás y por el mundo
permanece y es inmortal.»

ALBERT PIKE, abogado, militar y escritor estadounidense

Solíamos recorrer el camino que daba acceso al faro una vez a la semana para mantener el sendero en buen estado. Juan tenía la teoría de que los viajeros cuidaban más del acceso cuanto mejor lo encontraban a su paso; algo parecido a lo que ocurre con los edificios o los coches abandonados, que pueden permanecer en buen estado durante años, pero que, en cuanto uno de los cristales de sus ventanas se rompe, no tardan en ir apareciendo grietas en el resto, junto a otros desperfectos. El caso es que un día un fuerte viento había hecho caer un pequeño árbol que cortaba el paso y, mientras estábamos realizando nuestro trabajo de mantenimiento, vimos que unos jóvenes ciclistas estaban apartando con mucho esfuerzo el tronco del camino. Nos apresuramos a ayudarlos y les agradecimos el esfuerzo, ya que ellos podían sin problema haber sorteado el árbol y seguir su camino. Juan les invitó a visitar el faro, subimos a la linterna y pasamos un buen rato con estos muchachos.

Durante la cena, le comenté a Juan que esa era la primera vez que le había visto invitar a alguien a visitar el faro en el tiempo que llevaba con él. Me dijo, en primer lugar, que las visitas no ayudaban a la conservación del faro y que nos podían distraer de nuestro cometido, del que dependía la seguridad de los navegantes, pero que en esa ocasión había decidido hacer una excepción porque se había acordado de un cuento que le explicó de pequeño su padre.

El cuento decía así:

En un lejano país había un rey que quería saber si las personas que allí vivían cuidaban de su reino. Para averiguarlo, colocó una gran piedra en el camino y se escondió a observar. Al tratarse de un camino muy concurrido, no tardaron en pasar por allí caballeros, comerciantes y una larga lista de personas que sin dificultad podían haber apartado la piedra, pero que se limitaron a rodearla sin pensar en quienes podrían venir detrás.

Al rato, llegó un viejo campesino con su carga, la dejó junto al camino y, sin pensarlo ni un momento, se decidió a apartar la piedra, no sin dificultad. Finalmente, lo consiguió con la ayuda de un palo que le permitió hacer palanca, mover la pesada piedra y dejar el camino libre para quienes vinieran detrás. Justo debajo de la piedra encontró una bolsa con monedas y una nota del rey dando las gracias a quien despejara el camino.

Enseguida me di cuenta de que eso que tanto me llamó la atención no era casual, tenía mucho que ver con el modo de actuar y de entender la relación de Juan con todos los que le rodeaban. Era muy difícil verlo enfadado. Cuando alguien no actuaba bien, él se limitaba a ignorar aquella conducta, pero cuando cualquiera hacía una buena acción, a él, a mí, al faro o a cualquiera que por allí pasara, ponía toda su atención en premiarlo.

Un día que le saqué el tema, me dijo que él no era nadie para ir juzgando o riñendo a los demás, a menos que quien causaba un perjuicio lo hiciera con la intención de dañar. Él se limitaba a mantener una cierta distancia, pero eso no implicaba que no prefiriera las cosas de distinta forma a como las veían la mayoría y que, por ese motivo, su objetivo era el de influir positivamente y no el de castigar.

Así que teníamos en el viejo Juan un pequeño *influencer* que con su ejemplo y bondad hacía lo posible por educar en los valores en los que creía firmemente, que no eran otros que: la amistad, el cuidado de la naturaleza, el trabajo bien hecho y hacer lo posible por ayudar a quienes pudieran necesitarlo. Todo ello sin un reproche ni una mala cara, tan solo estando muy atento para poder premiar, a veces tan solo con una sonrisa o con un gesto de complicidad, a quienes actuaban según estos valores.

# 13. La radio

Serían las tres o las cuatro de la madrugada cuando empezamos a escuchar gritos que salían de la vieja radio: «¡Juan, viejo borracho! ¡Bastardo!». Y muchos otros que me permitirás que no reproduzca. Escandalizado, le dije a Juan:

—¿Quién es ese loco? ¿Cómo le permites que te diga esto? ¿Por qué no haces nada?

Juan me miró con calma y me dijo:

—Se trata de un pobre hombre. Está enfadado desde hace muchos años por algo que en realidad poco o nada tiene que ver conmigo.

—Ya, pero no puedes permitir que hable así de ti por radio, esto lo puede escuchar cualquiera, es humillante.

—¿Humillante para quién?

—Para nosotros.

–Para nosotros, ¿por qué? ¿Qué tiene que ver lo que dice con nosotros?

–Todo –le dije sin entender su postura–. Los insultos se dirigen a ti y al faro, igual algún día empieza a insultarme a mí, y yo no se lo permitiré.

–Tú haz lo que consideres, pero antes déjame que comparta contigo una reflexión: imagina que yo tengo un dinero, cincuenta euros, por ejemplo, y como pienso que me has ayudado mucho, decido regalártelos.

–Empieza bien la reflexión –respondí.

Mientras, de fondo, continuaban escuchándose algunos insultos cada vez con menos intensidad. Nuestro amigo empezaba a dar muestras de sentirse cansado.

–El caso es que tú decides no aceptar ese dinero por el motivo que sea. ¿De quién son entonces esos cincuenta euros?

–Hombre, si me los ofreces y yo no te los acepto, entonces está claro que son tuyos.

–Pues lo mismo ocurre con los insultos, déjalo que insulte, ya se cansará. Y, en cualquier caso, si nosotros no aceptamos esos insultos como nuestros, así lo verán también el resto de las personas que lo puedan escuchar.

Esto me recordó una cita de Aristóteles de su obra *Ética a Nicómaco*: «Cualquiera puede enfadarse, eso es algo muy sencillo. Pero enfadarse con la persona adecuada, en el grado exacto, en el momento oportuno, con el propósito justo y del modo correcto, eso, ciertamente, no resulta tan sencillo».

–Aprender a escoger a quién prestamos y a quién no la

capacidad de influir en nuestras emociones es sin ninguna duda uno de los mejores trabajos que puedes hacer a nivel emocional.

Aquella lección me permitió tomar conciencia de que la decisión de quedarme o devolver reproches, juicios, piropos y alabanzas depende de mí; esto me ha ayudado a ser el único responsable de mi propia autoestima.

Antes, cuando hacía mío cualquier comentario, aunque este pudiera venir de alguien a quien apenas conocía o incluso despreciaba, era víctima de todos aquellos que con razón o sin ella me podían lanzar reproches; ahora, en cambio, no pueden ofenderme, soy yo quien decide ofenderse o no hacerlo. Eso me da un control casi absoluto a la hora de crear mi propio autoconcepto, que procuro que se ajuste tanto como sea posible a la realidad, haciéndome mías las críticas y las alabanzas sinceras de quienes me rodean.

# 14. La carta

«El mundo es redondo, y lo que pueda parecer el final, también puede ser el principio.»

I. Baker Priest, política estadounidense

Pasó algún tiempo más antes de que Juan me enseñara una última lección, hace cinco años de eso… Me levanté como siempre, esperando encontrármelo con una taza de café en el salón, pero no estaba. Fui a su habitación; nunca había vuelto a entrar allí desde el primer día que inicié, hacía ya unos años, mi nuevo proyecto profesional y de vida en aquel maravilloso faro, junto a mi mentor y amigo Juan. Le encontré aparentemente descansando, pero enseguida me di cuenta de que se trataba de su cuerpo inerte.

¡Había fallecido!

Un aura de paz se respiraba en su habitación, me senté junto a él, y enseguida vi que, en el pequeño escritorio, que se encontraba enfrente de la cama, había una carta a mi nombre. La cogí y de nuevo me senté… Decía así:

Querido Javi:

Sé que se acerca el fin de mis días y por eso me decido a escribirte esta carta.

Hace ya tiempo que sabía de mi enfermedad y me angustiaba dejar nuestro faro en malas manos. Ahora sé que puedo partir tranquilo, que tú seguirás iluminando desde este imponente acantilado a todos los barcos que pasen junto a nuestra costa.

Imagino que estás triste, no lo estés. Estos últimos años han sido fantásticos y sé que, aunque yo muera, parte de mí seguirá presente. Del mismo modo que muere una estrella y durante miles de años la luz que desprendió continúa viajando por el universo e iluminando nuestro cielo, la luz de nuestro faro seguirá recordando mi existencia, igual que cuando era yo quien lo cuidaba y mantenía vivo el recuerdo de quienes me precedieron.

Sé la luz para quienes te rodean, ilumina, inspira, ayuda a quien está perdido a encontrar el camino.

Esta es la verdadera felicidad y esta es la última lección que te doy: todos podemos ser el faro de alguien y saber que mejorar, de algún modo, a quienes nos rodean nos acerca a la felicidad.

Con todo mi afecto,

Juan

Antes de esta, había vivido ya otras muertes cercanas, pero la de Juan era diferente. En este caso no había perdido a un amigo, ya que cuando alguien muere en paz y ha llevado una vida plena, la muerte no te lo puede quitar, todo lo contrario.

Pierdes a la persona con la que te enfadas, el que se aleja, quien te defrauda, pero cuando quien muere es alguien cercano, a quien quieres, del que has aprendido, cuando se trata de un verdadero amigo, en ese caso la muerte lo conserva para siempre.

Nadie muere en paz por ser rico o famoso. Si Juan abandonó este mundo feliz y en calma, fue porque sabía que con su vida había cuidado la de muchos más y que un objetivo más importante que su propia existencia continuaba cumpliéndose en gran parte gracias a él.

# 15. Las lecciones del farero

> «Son nuestras decisiones las que muestran
> quiénes somos realmente,
> más que nuestras habilidades.»
>
> J.K. Rowling, escritora y guionista británica

No sin tristeza –ya que como puedes ver, la vida con Juan iba pasando y cada vez éramos más amigos–, tras su muerte me dediqué a ir recogiendo, en una vieja libreta, las enseñanzas que más me habían servido.

Todos los días había aprendido alguna cosa nueva. Para no aburrirte con detalles sin importancia, ahora que ya te has podido hacer una idea de cómo era la vida en el faro y lo feliz que fui durante el tiempo que pasé allí, compartiré contigo las quince lecciones más importantes y te pondré el mismo número de tareas para que puedas, si realmente lo deseas, vivir tal y como lo hicimos nosotros durante aquellos años.

## 1. Pasa el hábito por encima de la voluntad, y las listas en papel por delante de la memoria

En el faro, nos asegurábamos de tenerlo todo siempre en perfecto estado. Sin improvisar, cada mañana sabíamos perfectamente lo que tocaba hacer, era igual el tiempo, el cansancio o nuestro estado de ánimo.

Todo aquello que implique tomar una decisión te exigirá un esfuerzo y un estado de ánimo concreto, que no siempre coincidirá con el que tienes.

Haz una lista en papel de lo que quieres hacer hoy, esta semana y este mes. Tenla en un lugar visible y así, a medida que vayas tachando cada línea, verás cómo progresas y te acercas a cumplir tus objetivos.

No olvides poner en ella lo que te permite cuidar de ti, como el deporte o la alimentación, y lo que te permite divertirte y pasar tiempo con los tuyos. El compromiso es con el trabajo, con nuestro propio cuidado y con los nuestros.

El éxito es el resultado de convertir en hábito todo lo que te acerca a tu meta.

Cuando estudiamos, leer, entender y memorizar se convierten en nuestros hábitos, y si practicamos deporte, el premio es lograr hacer de manera automática lo que otros apenas consiguen hacer de manera puntual, y a eso solo se llega convirtiendo lo excepcional en habitual.

Nos suelen decir que es cuestión de talento y esfuerzo, pero, en realidad, los objetivos se consiguen persistiendo y con cabeza.

Nadie destaca en dos días ni fracasa a diario.

Plantéate qué quieres conseguir, anota qué conductas te pueden ayudar a ello y dedícales tiempo, aunque sea poco, absolutamente todos los días. Esta es la clave.

## 2. Anticipa lo que puede salir mal

Son muchas las cosas que pueden fallar en un faro y que podrían tener fatales consecuencias: que el faro dejara de funcionar durante algunas horas por la noche pondría en peligro las embarcaciones y a sus tripulaciones y, cuando ello depende de un viejo edificio situado en uno de los lugares más duros que te puedas imaginar, el número de cosas que pueden fallar se multiplica.

Antes de dar una tarea por finalizada, pensábamos Juan y yo qué podía salir mal, para luego preparar ya una alternativa.

En caso de fallar el motor o no llegar corriente, teníamos un motor auxiliar. También comprobábamos que teníamos gasolina y que, si se fundía la lámpara, teníamos otra de repuesto, y que, de no llegar los suministros un mes, teníamos reservas para pasar otro más, y así con todo.

Una vez hecha la tarea y preparada la alternativa, liberábamos nuestra cabeza de cualquier preocupación que pudiera estar relacionada. De este modo, podíamos avanzar, sin la ansiedad, consecuencia de la preocupación que genera una amenaza sin una solución prevista.

Párate un momento a pensar qué suele preocuparte, qué podría salir mal (no tener dinero para pagar la hipoteca, tener una avería en el coche, suspender un examen…) y ahora piensa en una alternativa que, aunque no sea perfecta, te permita salir del paso. ¿La tienes? ¿Podrías con ella? Entonces cada vez que pienses «Si sube el coste de la hipoteca…», tienes que recordar la solución, por ejemplo: «alquilaría la plaza de parking» o «prescindiría de las vacaciones» o «alquilaría una habitación a un estudiante»; lo que sea que te permita, aunque sea con incomodidad, superar la situación.

Una vez que lo tienes, suelta ya ese pensamiento que no te permite avanzar.

Tan malo es creer que todo irá bien como que todo irá mal, cuando carecemos de motivos suficientes para pensar así.

Un optimista sin razón tomará riesgos innecesarios y terminará por sufrir las consecuencias. Mientras que un pesimista sin motivos, además de estar condenado a la infelicidad, no intentará cosas que, de haber probado, muy posiblemente hubiera terminado por conseguir.

Analiza con calma los riesgos, piensa en las alternativas. Cuando sepas que, de suceder, podrías con ello, sigue adelante. Solo de este modo serás capaz de encontrar el equilibrio entre la prudencia y el valor.

## 3. Lo fácil se puede hacer en cualquier momento, lo difícil se hace a diario

Si algo nos daba una pereza especial, tanto a Juan como a mí, era engrasar la maquinaria, pero éramos muy conscientes de lo importante que era esa tarea para el correcto funcionamiento de nuestro faro. De modo que, todas las mañanas tras el desayuno, dedicábamos diez minutos a limpiar y engrasar una sola pieza del viejo mecanismo, dándole la vuelta por completo cada dos meses. En una ocasión, a los pocos días de vivir allí, le pregunté a Juan por qué engrasábamos una pieza todos los días en lugar de hacerlo un día todo de golpe y olvidarlo. Juan me hizo ver que enseguida sería capaz de dedicar esos pocos minutos sin apenas esfuerzo, y así pasó.

La percepción de si algo requiere de más o menos esfuerzo depende, en contra de lo que pueda parecer, más de lo puntual de la tarea que de la cantidad de energía que requiere.

A quien no madruga nunca madrugar un día le parece algo casi imposible, mientras que quien lo hace a diario lo considera, como mucho, algo molesto; quien apenas tarda cinco minutos en ir de casa al trabajo una hora le parece una locura, y eso mismo lo asumen con resignación gran parte de los que viven o trabajan en una gran ciudad.

Es por esto por lo que, tras un cambio, el esfuerzo que debemos dedicar es mucho mayor, pero si esta nueva conducta merece la pena, recuerda que en pocas semanas podrás realizarla sin apenas esfuerzo.

Hacer la compra, salir a correr, poner al día la agenda, contestar los correos... Sea lo que sea que signifique para ti «engrasar el viejo motor», divídelo en periodos cortos y hazlo a diario, y a poder ser a la misma hora. Verás que cada vez te requiere menos esfuerzo y termina por pasarte completamente desapercibido.

## 4. Entrena tu conciencia plena

El olor del café, el calor del sol, el ruido del mar, los rayos de luz del amanecer que entran por la ventana mientras escribo estas líneas, el tacto de la camiseta, el cantar de un pájaro, el aire que llena tus pulmones... Todo lo que te rodea, lo que ves, lo que escuchas, lo que hueles...; todo menos lo que piensas. Junto a Juan aprendí a estar, a ser consciente de cada uno de los momentos. No hace falta encontrarse en un faro lejos de la civilización para aprender a vivir con conciencia plena cada uno de los momentos.

La mayoría de las cosas que te producen pena nacen en el pasado, ya que la pena es la emoción que surge tras tomar conciencia de que algo que tenías y apreciabas ahora ya no forma parte de tu vida –un familiar, un amigo, una mascota, un trabajo o una casa–. Si te apena, es porque te gustaba y ya no está. No hay nada malo en ello; es más, ser consciente de lo que hemos perdido sirve para aprender una lección y dedicar al mismo tiempo un recuerdo, pero, como sucede con todas las emociones, es necesario aprender a soltarlas para poder avanzar.

El miedo, en cambio, bebe del futuro y es el resultado de creer que puedo perder algo que en este momento poseo: la salud, el trabajo o la pareja, por ejemplo.

De modo que quienes poseen una mente que va sin control del pasado al futuro, sin apenas detenerse un momento a disfrutar del presente, se ven condenados a sentir pena y miedo durante la mayor parte del tiempo. Esto se conoce como la mente del mono, porque recuerda a la imagen de un mono saltando de rama en rama sin aparente sentido.

Practica a diario la conciencia plena, procura que tu atención avance al mismo tiempo que suceden las cosas. Esto te permitirá vivir en línea recta y disfrutar con plena conciencia de cada momento.

Dedica un mínimo de cinco minutos al día a practicar la conciencia plena, asegúrate de no tener interrupciones y poder disfrutar de un lugar confortable. Si no ves nada que te motive, puedes buscar estímulos en una vela o en un tiesto con una planta aromática. Enseguida verás cómo puedes descansar unos momentos del estrés y la rumiación, para poder, con las fuerzas renovadas, seguir adelante, tal y como nos contaba Juan con el ejemplo de la taza de café.

## 5. Ataca las dificultades de una en una

Algunas mañanas nuestras listas eran más largas de lo que cabría esperar, ya fuera porque se había derrumbado un margen del camino, porque hubiera más tráfico marítimo de lo habitual o por cualquier otro motivo. En esos días, me costaba más disfrutar del trabajo y se me aparecía de nuevo el viejo fantasma de la ansiedad. «Los problemas de uno en uno, Javi», solía decirme Juan.

Aprende a darte cuenta de cuándo tu mente empieza a actuar como la mente del mono, saltando de tema en tema, detecta lo que te distrae y disipa tu atención. Bastará con parar y dedicar unos pocos segundos a la conciencia plena para recuperar el control.

Y cuando lo que tienes pendiente te parezca demasiado exigente, divide el objetivo en otros más pequeños. Por ejemplo, si arreglar el margen te parece una tarea imposible, puedes empezar por retirar las piedras sueltas; otro día, las pones junto al margen; etc. También puedes dividir el camino en pequeños tramos e ir reparando cada tramo hasta alcanzar tu objetivo.

Procura no tener objetivos que vayan más allá de una jornada, de este modo tendrás siempre la sensación de haber rendido en el trabajo.

Revisa los viejos objetivos y divide en tareas más sencillas y cortas las que parecen demasiado exigentes; esas son las que has ido aparcando durante hace ya demasiado tiempo.

## 6. Que tus decisiones no vayan más allá de las emociones

Ya te he comentado lo importante que es la tradición en nuestro oficio de farero y cuán denostada está en la sociedad actual en la que todo va deprisa. No es que en el faro no se cambien cosas, ya que los protocolos van cambiando y la manera de trabajar también, pero lo cierto es que son cambios muy sutiles y sin riesgo, sin estragos, como quien sabe que se trata de algo importante y quiere mejorar sin dañar.

Es cierto que estos son tiempos de cambios y que son muchos los que se adaptan a toda velocidad, pero en lo importante hay que proceder con cautela, dando prioridad al cuidado por encima de la codicia.

Asegúrate de que la decisión que tomas no implica un cambio que pueda permanecer durante más tiempo que la emoción que sientes. «Estoy enfadado con mi jefe, de modo que dejo el trabajo»; en este caso pregúntate: «¿Seguiré enfadado por este motivo de aquí a tres meses?». Si la respuesta es sí, entonces adelante; ahora si la respuesta es no, entonces detente, porque, de lo contrario, el enfado dará paso al arrepentimiento.

Esto mismo pasa con las decisiones personales: ¿cuántas veces, tras una pérdida, alguien toma cualquier decisión de la que con el tiempo se arrepiente?, ¿cuántas veces te obsesionas con cualquier pequeña molestia hasta llegar a considerarla insoportable?

Es necesario entrenar el hábito de preguntarse a uno mismo

el alcance de la decisión y el alcance de la emoción: cuando la primera dura más que la segunda, es fácil que con el tiempo aparezca el arrepentimiento.

El mejor modo de solventar esto es ser consciente de la emoción para poder excluirla de las decisiones que deben basarse, tanto como nos sea posible, en la razón.

## 7. Elimina lo superfluo y los ladrones del tiempo

La sensación que más me impresionaba de la vida en el faro era la de poder hacer muchas más cosas durante el día, y eso era porque tan pronto como me bajé del taxi dejé atrás algunos de los más importantes ladrones de tiempo que tenía. Sin televisión ni móvil, sin redes sociales…, mis días empezaron a tener de repente tres o cuatro horas más, que podía invertir en lo que me apeteciera.

Antes incluso de empezar con un nuevo hábito viene bien ver cuánto de tu tiempo puedes liberar. Seguramente en tu teléfono hay una opción que te permite ver el tiempo que lo has usado, seguro que cuando lo mires te sorprende (de media puede estar alrededor de las tres o cuatro horas al día). Todo ese tiempo extra lo podrás invertir en aquello que no hacías por falta de tiempo. Modificar tus desplazamientos, tu ropa por otra que exija de menos cuidados, el sitio… Hay un sinfín de cosas que puedes hacer para liberar tiempo a fin de poder dedicarlo a aquello que te propongas.

Solíamos cocinar recetas que nos recordaban a nuestra infancia, a nuestros seres queridos, platos que hacíamos con mimo y sin prisas. Si no era así, los encargábamos.

¿Cuántas parejas se pasan el día discutiendo acerca de quién hace una u otra tarea cuando podrían contar con un poco de ayuda externa y centrar su esfuerzo y energía en lo que realmente les da valor, además de reducir muchísimo sus conflictos?

Cuando haya algo que otros hacen mejor, posiblemente con menor coste y que te libera de tiempo, no te sepa mal dejar de hacerlo tú mismo y dedicar ese tiempo en tareas que para ti son más productivas.

## 8. Gestiona tu tiempo

La puntualidad y la compartimentación de las tareas es clave cuando los tiempos los gestiona uno mismo tal y como hacíamos nosotros. Es sabido que, cuando no nos limitamos el tiempo para cada tarea, tiene lugar la que conocemos como la ley de Parkinson, que consiste en que las tareas se expanden hasta ocupar todo el tiempo del que dispones.

Dedica un rato cada semana a programar de manera realista tu semana, de este modo tu productividad aumentará al tiempo que tu sensación de estrés o ansiedad disminuirá. Resérvate también unos pocos minutos cada mañana para revisar la programación del día. Acuérdate de guardar tiempo para imprevistos y para la transición entre una tarea y la otra; esto no solo aumenta tu eficacia, sino que además te da la capacidad de seguir asumiendo tareas y, por lo tanto, de crecer o promocionarte según trabajes por tu cuenta o para otros.

No se trata de ahorrar tiempo para vivir la vida que quieres, se trata de vivir la vida que quieres (como hice yo en el faro) y mágicamente el tiempo se ahorra solo.

Todo lo que haces es tu elección, solo que sueles elegir que sean otros quienes deciden lo que vas a hacer con tu tiempo. ¿Te das cuenta del poco sentido que esto tiene?

¿Irías al gimnasio si te pagaran por ello? Seguramente sí, entonces encontrarías el tiempo; por lo tanto, el no ir no es una cuestión de tiempo, es un problema de prioridades o de motivación.

El tiempo es elástico, tú mismo ves cómo se estira cada vez que tienes una emergencia real y se encoge cuando no la hay. Sacas tiempo para ir a buscar el coche al depósito municipal cuando se lo lleva la grúa, pero no disponías de él para hacerle la revisión; la diferencia no es otra que la de estirar el tiempo siempre que la tarea te parece ineludible.

¿Quizá podrías revisar lo ineludible e incluir allí a tu familia, amigos y deporte? Ya que cuidar y cuidarnos es ineludible, aunque a veces no nos lo parezca.

## 9. Eres lo que haces

Muchas veces yo dudaba de si sería capaz de continuar con el trabajo de farero, hasta que un día Juan me explicó cómo lo hizo él para llegar a ser el farero en el que se convirtió:

–Hace ya mucho que llegué a este viejo faro. Aún recuerdo al anterior farero y cómo me sentía de pequeño ante su presencia.

«Lo mismo me ocurre a mí», pensé yo.

–Mira, Javi… El caso es que un buen día me armé de valor y le dije esto mismo que tú hoy me comentas, y que estoy seguro de que hace ya algún tiempo que te preocupa. Entonces él me dijo: de la misma manera que piensas que no podrás estar a la altura de tan importante cometido, párate a pensar un segundo en qué supone ser un buen farero, engrasar la maquinaria, atender la radio, mantener el edificio, cuidar el camino… Una vez que ya has pensado acerca de lo que haría el mejor de los fareros, haz cada una de esas tareas, de una en una, con calma y a diario, verás cómo al poco tiempo te saldrán todas de manera natural, habrás creado un hábito. Pasados algunos meses lo harás todo sin esfuerzo. Tras algunos años, este trabajo formará parte de ti tal y como lo había sido en el pasado ir en metro o responder un correo, será en ese momento cuando, en contra de lo que algunos opinan, habrás creado tu propio destino.

No esperes a que las cosas te apetezcan o te salgan de manera natural, eso sucede al cabo de años de comprometerse, con voluntad, con cada una de las acciones que sabes que te acercan a el que quieres que sea tu destino.

Algo se convierte en un hábito cuando pasa a ser una respuesta automática: ya no tengo que decidir entre salir o no a correr, simplemente salgo y corro. Los hábitos permiten alcanzar los objetivos de manera automática y al mismo tiempo ahorrar muchísima energía que antes dedicábamos a la toma de decisiones.

Acuérdate también de hacer tuyas esas etiquetas que te ayudan a sentirte más seguro y comprometido. Preséntate como el «farero» para que tanto quienes te rodean como tú mismo sepáis lo que podéis esperar. Ponte las etiquetas que te ayudan: padre o madre, deportista, escritora, amigo, maestra…, y verás cómo pronto serás visto por lo demás y por ti mismo como la persona que quieres llegar a ser.

## 10. Escucha tus emociones

Cuando decidí dejarlo todo y buscar un nuevo camino, las emociones que con más fuerza sentía eran la tristeza y el miedo; hoy soy quien soy porque hice caso a esas emociones que me advirtieron acerca de lo alejada que estaba la vida que llevaba de la que quería llevar.

Haz caso a las emociones, tanto a las agradables como a las desagradables, pero no para abandonarte a ellas, no permitas que te secuestren. Escúchalas, busca su origen y, una vez encontrado, valora con decisión si es el momento de hacer nuevos cambios o seguir por el camino que estás realizando. No es mala una emoción que te advierte que es el momento de cambiar, y de nada serviría acallarla con medicación o con cualquier otra conducta que te permita continuar manteniendo rutinas o decisiones con las que no te sientes bien.

Hay cerca de trescientas emociones que según el psicólogo Paul Ekman se pueden resumir en las seis emociones primarias: ira o enfado, miedo, tristeza, alegría, asco o desagrado y sorpresa.

No solemos ser conscientes de lo que ni siquiera somos capaces de nombrar. Odio, ira, tristeza, nostalgia, asco, vergüenza, euforia, culpa… Pon el nombre que se ajuste más a lo que sientes, y eso te ayudará a escoger la mejor estrategia para mantenerla si se trata de una emoción agradable y útil o dejarla ir cuando no lo sea.

Son muchas las personas que tienen dificultades para identificar una u otra emoción, y eso les hace sentir incomprensión con ellos mismos y con los demás.

Haz de identificar y exponer tus sentimientos un hábito y verás cómo eso es mejor para ti y también para quienes te rodean.

## 11. Cuida de los demás

Dedicar mi tiempo a cuidar de otros me ha hecho mucho más feliz de lo que llegué a ser cuando me pasaba la vida poniéndome por delante de los demás. Quizá Juan te parezca un hombre solitario, pero quien vive pendiente de cuidar a otros –tal y como lo hacía él al tener cuidado de que ningún barco embarrancase o al dar la buena noticia de que posiblemente había llegado a su destino– suma a su propia felicidad la de todos aquellos a quienes ilumina con su luz.

Quienes se comportan de manera egoísta o los que solo suelen estar pendientes de su propio bienestar corren el riesgo de sufrir sin consuelo en el momento en que las cosas no les vayan bien. Y sabemos que es ley de vida que no todo puede ir siempre bien, y no solo por problemas relacionados con la vejez y la enfermedad, sino porque podemos encontrar dificultades en el trabajo, la pareja o la familia.

Si eres feliz por ti y por los otros, tendrás siempre un motivo para sonreír.

Reserva algún momento en tu semana para visitar a un abuelo, jugar con un niño o ayudar a un amigo o amiga. Pasar tiempo con quien lo necesita siempre suma; suma a lo que te hace feliz lo que puede hacer felices a quienes te rodean.

## 12. ¿Quién quieres ser?

He sido el estudiante, el deportista, el directivo y, finalmente, el farero. Uno nace completo, pero, sin ni siquiera darnos cuenta, vamos aceptando las imposiciones sociales, nos filtran los complejos de nuestros padres, los prejuicios de algunos profesores, las malas acciones de algún compañero; todo esto nos va alejando de nuestro verdadero yo, pero entonces un día escuchas tu emoción y te decides a nacer de nuevo, como yo hice en 39°59'49''N 4°15'59''E.

Párate a valorar lo que hoy forma parte de tu vida y decide si te hace feliz o, por el contrario, es tan solo algo que haces por inercia; si este es el caso, investiga qué quieres hacer y cuál es el primer paso para este nuevo camino, cuando lo tengas, ya estarás a una sola decisión de volver a nacer.

## 13. Disfrutar, amar y trabajar

En eso consistía principalmente el día a día junto a Juan: amar nuestro oficio, el café de la mañana, aprender y dedicar todo el amor a hacer del trabajo una pasión, y de cada día, un regalo.

Resignarse a no amar o a trabajar en lo que no te hace feliz, cambiar el regalo de un nuevo día por la penitencia de uno más, es morir cada día, en lugar de vivir un día más.

No te resignes, no aceptes, no tiene por qué ser siempre así.

Algunas decisiones te han llevado a donde estás y otras nuevas te pueden llevar a otro lugar.

## 14. Menos es más

Tal y como has visto, todas mis posesiones cabían en una bolsa y durante el tiempo que viví en el faro no las aumenté, al contrario, me deshice de alguna de ellas. Esto hizo que me sintiera mucho más libre y que disfrutase al máximo de los pocos objetos de los que disponía.

Cuando sabes que tienes que limitar los objetos de los que dispones, cada uno de ellos se convierte en un pequeño lujo.

Seguro que al leer estas líneas piensas que no lo puedes hacer, que necesitas todas o casi todas tus pertenencias. ¿Cómo podrías pasar con lo que cabe en una maleta? No te preocupes por eso, en realidad, tampoco estás viviendo en un pequeño faro, pero sí es bueno que te plantees qué uso le estás dando a la palabra *necesitar*: ¿necesitas una tele más grande?, ¿necesitas una videoconsola?, ¿necesitas el último *smartphone*?, ¿necesitas ropa de marca?, ¿necesitas un piso más grande?

Si lo necesitas, quiere decir que no puedes vivir sin ello y, por lo tanto, que de no conseguirlo no podrás ser feliz. Quizá no lo necesitas, seguramente tan solo lo prefieres, y eso implica que puedes estar bien sin ello, pero que, con ello, tal vez, puedes estar mejor.

Si es así, genial, y si puedes y lo quieres: cómpralo. Eso sí, sin angustia, sin prisa y sin necesidad, y para ello te viene bien deshacerte primero de todo aquello que ni siquiera prefieres. Dona, regala, dale una nueva vida a lo que te abruma, no necesitas o no prefieres.

Comprar lo que no necesitas te aleja de disfrutar de lo que realmente te hace bien. Solo quienes no te conocen se dejarán impresionar por el lujo de lo que acumulas, quien bien te quiere te ve más allá de las marcas y de los caprichos que, por otro lado, solo te hacen sentir insatisfecho; ya que siempre hay un objeto mejor, más grande o exclusivo.

Reduce tus posesiones a aquellas que te hacen feliz. Si antes de decidir conservar o deshacerte de algo te preguntas acerca de cómo este objeto te hace sentir, te darás cuenta de cuántas cosas posees que en realidad no utilizas y te hacen sentir emociones desagradables (ropa que no te resulta cómoda, objetos que te hacen sentir melancolía, zapatos incómodos, libros que crees que deberías leer y quizá nunca leerás...). Repasa lo que tienes de sala en sala y deshazte de todo aquello que hace meses que no utilizas o que te evoca emociones desagradables, verás cómo al hacerlo te sientes liberado y aumenta la sensación de relajación y bienestar en tu casa.

Limita lo material para no ser esclavo de ello. Disminuir tus pertenencias aumenta tu felicidad. A la hora de ser feliz, igual que en nuestro bonito faro, menos es más.

## 15. Busca tu felicidad

Quizá te parezca imposible cambiar tu actual vida, pero de algo puedes estar seguro: si has encontrado por fin un motivo para hacerlo (hallar la felicidad tal y como yo lo hice con mi nueva vida), pronto aparecerá la manera de llevar a cabo ese cambio.

Centra la atención en el porqué de los cambios y, una vez que halles la motivación suficiente, el cómo se abrirá paso.

Querido lector, alguien dijo que uno no ha muerto del todo mientras es recordado, con esta lectura le has regalado unas horas de vida a Juan y él a su vez te ha obsequiado a ti con quince breves lecciones que, de aplicarlas, estoy seguro de que te ayudarán a alcanzar el bienestar y la felicidad, tanto en tu vida personal como profesional.

Desde hoy, igual que yo lo fui, eres un aprendiz de farero, y esto es un regalo, el de conocer el camino, y una responsabilidad, la de ayudar con tu luz a quienes no han tenido esta oportunidad.

No te preocupes por lo que dicen o piensan otros, tan solo ilumina con tu ejemplo y haz felices a quienes te rodean, y te aseguro una vida eterna en la memoria de las personas que tienen la suerte de vivir junto a ti.

Vive, disfruta y sé feliz.

**Sé un faro.**

# Apéndice sobre la felicidad

«La gente olvidará lo que dijiste, olvidará lo que hiciste, pero no olvidará cómo la hiciste sentir.»

MAYA ANGELOU,
poeta estadounidense y activista de derechos civiles

Esperamos que mediante el relato de Javi y Juan hayas alcanzado el modo de llegar a la felicidad; en consulta, el ejemplo siempre nos ayuda a entender mejor y a integrar los aprendizajes.

Para agradecerte la lectura de este libro, queremos compartir contigo los aspectos más importantes que tenemos en cuenta cuando hablamos de encontrar la felicidad. Son los conceptos clave que siempre incluimos en nuestras charlas o conferencias.

La experiencia nos dice que, siguiendo estos pequeños consejos, incorporándolos paulatinamente en nuestras vidas, la felicidad es mucho más fácil de encontrar.

Te animamos a meditar sobre ellos y a responder con tiempo cada una de las preguntas que te lanzamos.

## Concepto 1. Hay tantas felicidades como personas

En nuestras conferencias, una de las primeras aproximaciones son las conceptualizaciones que se hacen acerca de la felicidad:

- «La felicidad es la combinación entre la satisfacción que una persona tiene con su vida personal (familiar, de pareja y trabajo) y el bienestar mental que siente en el día a día».
- «Alcanzamos la felicidad cuando estamos en un estado mental de bienestar de emociones positivas, desde la alegría hasta el placer».
- «Para Aristóteles, la felicidad tenía dos aspectos: la *hedonia* (placer) y la *eudaimonia* (una vida vivida)».
- «Para el doctor Seligman, la felicidad es la vida placentera, significativa y de compromiso, además de tener relaciones de calidad, éxitos y logros».

Son solo algunos ejemplos, y podríamos añadir una infinidad más. Lo importante es lo que sientas tú como felicidad.

¿Qué es para ti la felicidad?

.......................................................................................................

.......................................................................................................

.......................................................................................................

¿Cómo la describirías en tu diccionario particular?

.......................................................................................................

.......................................................................................................

.......................................................................................................

## Concepto 2. No podemos controlarlo todo, pero sí una gran parte

Siempre citamos a los psicólogos Lyubomirsky, Sheldon y Schkade:

> Nuestra genética influye en un 50% sobre nuestra felicidad.
> Otro 10% está determinada por las circunstancias
> que nos rodean.
> El 40% restante se alcanza por las actividades
> que hacemos a diario.
> En conclusión, nuestra felicidad está regida
> por estos tres elementos: genes, circunstancias y actividades.
> Aunque no podemos controlar el 60% de nuestra felicidad,
> nos queda un 40% del que sí somos responsables
> y que podemos modificar con nuestra actividad diaria.
> Así, nos sentiremos satisfechos y realizados.

Estos autores nos acercan a la idea de que es posible entrenar y mantener la felicidad.

¿Cuál es tu 40%?

..................................................................................................

..................................................................................................

..................................................................................................

¿Cómo puedes construir tu felicidad?

..................................................................................................

..................................................................................................

..................................................................................................

¿Qué actividades te hacen feliz?

..................................................................................................

..................................................................................................

..................................................................................................

## Concepto 3. Aumenta la serotonina

Por si no la conoces, te presentamos a la serotonina:

> Las conexiones neuronales, neurotransmisores y
> el funcionamiento del cerebro humano tienen mucha
> importancia a la hora de entender la felicidad.
> En este sentido tiene una importancia fundamental

la serotonina, neurotransmisor sintetizado en el sistema
nervioso central con funciones de vital importancia
para el bienestar y la estabilidad emocional.
El aumento de esta sustancia produce de forma casi
automática sensación de bienestar,
incremento de autoestima, relajación y concentración.
El déficit de serotonina se asocia a la depresión,
los pensamientos suicidas, el trastorno obsesivo compulsivo,
al insomnio y a estados agresivos.

Ahora que ya la conoces, entenderás por qué hacemos tanto hincapié en nuestra consulta y en nuestras conferencias en mantener siempre buenos niveles de serotonina.

No es tan complicado como parece, hay muchas formas de aumentarla en el cerebro de forma natural.

La primera de ellas es mediante la alimentación. Te dejamos una lista de alimentos ricos en triptófano, aminoácido que ayuda a producir serotonina, y te señalamos otros que debes evitar ya que aumentan la secreción de adrenalina y cortisol, sustancias que provocan el efecto contrario al deseado.

• **Alimentos que contienen triptófano:** carne de pavo y pollo, pescado azul, marisco, lácteos, chocolate negro, piña, aguacates, ciruelas, dátiles, frutos secos, algunas semillas (como las de lino, chía y cáñamo), cereales y arroces integrales, semillas de sésamo y calabaza, espinacas, remolacha, zanahoria, apio, brócoli, legumbres (garbanzos, lentejas, soja) y el alga espirulina.

- **Alimentos que debes evitar:** carbohidratos simples (azúcares muy refinados, bollería y dulces), café y bebidas alcohólicas y estimulantes.

¿Puedes incluir alguno de estos alimentos en tu dieta?

.................................................................................

.................................................................................

.................................................................................

¿De cuáles podrías prescindir?

.................................................................................

.................................................................................

.................................................................................

Otro punto imprescindible para aumentar la serotonina es disminuir los niveles de estrés excesivos que pueden ejercer una influencia dañina sobre la serotonina. Por ello, siempre recomendamos a nuestros pacientes y oyentes que estén atentos, de una forma consciente, a su nivel de estrés e intenten mantener un estilo de vida sano que les ayude a evitar, o al menos a contrarrestar, el decaimiento que provoca.

¿Puedes hacer una lista de aquello que te genera estrés?

.................................................................................

.................................................................................

.................................................................................

¿Cómo podrías modificarlo para que no te lo causara?

Como psicólogos, también enviamos a nuestros pacientes al gimnasio, a pasear treinta minutos al día o a realizar cualquier actividad física que les motive. El ejercicio nos ayuda a mantener altos nuestros niveles de serotonina.

No es necesario hacer grandes gestas deportivas, solo pensar en nuestro cuerpo y ponerlo en activo durante media hora al día será suficiente.

¿Qué actividad física podrías realizar tú cada día?

¿Cuál te motiva?

Nunca nos olvidamos de mencionar el sol y la luz, ya que la vitamina D también tiene un potente efecto en la producción de serotonina.

Por ejemplo, trabajar en espacios con mucha luz, realizar ejercicio al aire libre o dar un paseo por la naturaleza pueden ser algunas rutinas favorables para sentirnos bien.

¿En qué momento de tu rutina diaria podrías estar al sol?

......................................................................................................

......................................................................................................

......................................................................................................

Aunque el último de los consejos es de sobra conocido, nunca descuidamos el sueño en nuestras conferencias.

Dormir las horas necesarias evita el estrés y el cansancio. Además, mientras dormimos, nuestro cuerpo restablece nuestros niveles de serotonina, por lo que un descanso adecuado es fundamental para mantener una buena salud mental.

¿Podrías dormir las horas que tu cuerpo necesita?

......................................................................................................

......................................................................................................

......................................................................................................

¿Qué horario deberías seguir para lograrlo?

......................................................................................................

......................................................................................................

......................................................................................................

En resumen, para mantener nuestros niveles de serotonina altos, debemos consumir alimentos que favorezcan su producción y tener hábitos de vida saludables que ayuden a generarla, como realizar ejercicio físico, evitar el estrés y dormir bien.

## Concepto 4. Cuestión de tiempo

Muchas veces los pacientes llegan a la consulta o a las charlas diciendo que no tienen tiempo para cuidarse y hacer ejercicio. Siempre respondemos lo mismo: tu bienestar no es solo emocional, cuidar de tu cuerpo debe ser también una prioridad para ti. Programar tus entrenamientos y dietas para que no se vean afectados por tu estado de ánimo es básico.

Veamos: 24 horas por 7 días son 168 horas; menos 56 para descansar son 112; te quedan 72 en caso de trabajar 5 días 8 horas, o te quedan 67 si trabajas 9, o 56 si trabajas 10. Si trabajas más, quizá sea el momento de cambiar de trabajo o de mejorar tu productividad.

A estas 56 horas (en el peor de los casos) les puedes ir restando los desplazamientos, el tiempo que dedicas a arreglar la casa, a la compra, a cocinar…, y seguro que te seguirán quedando como poco 6 o 7 horas semanales que serían más que suficientes para cuidarte.

El tiempo está, pero se nos suele escapar con distracciones no muy productivas y prioridades equivocadas.

Tu cuerpo es tu hogar, tu carta de presentación, tu mayor recurso y donde pasarás el futuro, qué menos que dedicar unas pocas horas a cuidarlo

¿Puedes reservar 6 horas de 168 que tiene la semana para cuidarte?

........................................................................................................

........................................................................................................

........................................................................................................

## Concepto 5. Otros hábitos felices

Siempre nos gusta hacer una lista de comprobación y una batería de preguntas para prestar atención a pequeños detalles de gran importancia.

Se trata simplemente de poner algunas ideas sobre la mesa para hacerlas conscientes y de preguntar por otras obvias, pero que a menudo descuidamos.

Piensa en los siguientes conceptos y reflexiona sobre si puedes cambiar algo para construir tu propia felicidad:

- Ocuparnos de nuestros bienestar y de las conexiones entre nuestro cuerpo y nuestra mente. Para sentirnos bien, primero debemos satisfacer las necesidades fisiológicas. **¿Te sientes bien físicamente?**
- Asegurar nuestra sensación de seguridad viviendo en un

lugar adecuado y seguro en el que podamos disponer de alimentos y libertad. **¿Sientes seguridad en tu casa y en tu trabajo?**

- Cuidar de nosotros mismos, prestarnos atención y dedicarnos tiempo. **¿Dedicas treinta minutos al día exclusivamente para ti?**

- Disminuir la cantidad de pensamientos negativos y decidir que tu mente la ocupen los positivos. **¿Podrías hacer una lista de todos tus pensamientos negativos al cabo del día? ¿Puedes cambiarlos en positivo?**

- Acceder al placer mediante la alegría, el arte, el sexo, el amor y la alimentación. **¿Vives una vida plena? ¿Qué podrías cambiar para sentir más placer?**

- Tener relaciones sociales positivas, ya que estas serán la base de la construcción de nuestra personalidad. **¿Estás a gusto con tu vida social?**

- Tener metas, objetivos y retos siempre en el horizonte, mantenernos curiosos y motivados con el mundo. **¿Tienes motivaciones que te ayuden a levantarte cada mañana?**

- Para ser feliz hay que estar comprometido de forma consciente con lo que hacemos día a día. **¿Te sientes comprometido con tu trabajo, tus estudios, tu familia o tus amistades?**

- Tener confianza en que alcanzaremos la metas, el éxito o los sueños que nos hayamos marcado. Gracias a todo ello, podremos seguir creciendo como personas. **¿Crees que lo lograrás?**

- Sentirnos queridos por nuestro entorno nos ayuda a tener una valoración positiva de nosotros mismos. **¿Te rodeas de personas que te cuidan y te alientan?**
- Ser flexibles y adaptarnos a los cambios ineluctables de la vida. De este modo, siempre podremos superarlos de forma satisfactoria. **¿Crees que podrías mejorar tu resiliencia?**
- Estar en el presente y disfrutarlo, vivir de manera plena el instante actual, concentrarse en él y apartar el resto de nuestra mente. Ello nos hará sentir emociones positivas y aumentará nuestra felicidad. **¿Estás en el presente o tiendes más a vivir en el pasado o a proyectar el futuro?**
- Evocar los recuerdos positivos y los logros conseguidos. Podemos recordarlos solos o explicárselos a alguien. **¿Podrías hacer una lista de los logros de tu vida?**
- Proyectarnos al éxito. Debemos tener alternativas por si llega el fracaso, pero siempre que pensemos en el futuro lo haremos viéndonos con éxito. **¿Qué es el éxito para ti?**
- Ser agradecidos. Hay estudios que demuestran que expresar nuestro agradecimiento aumenta nuestras emociones positivas y nuestra felicidad en un 25%. **¿Cuántas veces al día das las gracias?**
- Ser generosos y ayudar a otras personas genera emociones positivas en nosotros mismos. **¿A quién has ayudado esta semana?**

En definitiva, puedes aprender a ser feliz.

La felicidad es muy relativa y cada persona debe averiguar qué es lo que le hace feliz; y, una vez que lo sepa, llevar a cabo todas la acciones posibles para lograrla.

Solo comprometiéndote con la mejora continua podrás permanecer teniendo éxito una vez alcanzados tus objetivos. La vida es cambio, de modo que, si una vez alcanzado tu objetivo permaneces inmóvil, el escenario cambiará y lo que antes funcionaba dejará de hacerlo.

Ahora que sabes que puedes construir tu felicidad y te hemos dado algunas herramientas para alcanzarla, te hacemos la última pregunta:

¿Qué te hace feliz?

# Bibliografía

Aristóteles. *Ética a Nicómaco*. Editorial Gredos, Madrid, 1985.

Carroll, Lewis. *Alicia en el País de las Maravillas*. Alianza Editorial, Madrid, 2010.

Carta constitucional de la Organización Mundial de la Salud. Nueva York, 22 de julio de 1946.

CIE-10. «Manual de trastornos mentales». Editorial Médica Panamericana.

DMS-5. «Manual diagnóstico y estadístico de los trastornos mentales». Editorial Médica Panamericana.

Csikszentmihalyi, Mihaly. *Fluir*. Editorial Kairós, Barcelona, 1996.

Doran, George T. «Way to write management's goals and objectives». *Management Review*, 1981.

Frankl, Viktor Emil. *El hombre en busca de sentido*. Herder Editorial, Barcelona, 2021.

Freud, Sigmund. *La interpretación de los sueños*. (Obras Maestras del Pensamiento Contemporáneo.) Editorial Planeta DeAgostini, Barcelona, 1985.

Goleman, Daniel. *Inteligencia emocional*. Editorial Kairós, Barcelona, 1996.

—. *Focus*. Editorial Kairós, Barcelona, 2014.

Jung, Carl Gustav. *Libro Rojo*. Editorial El hilo de Ariadna, Buenos Aires, 2019.

Mitchell, Stephen A. y Black, Margaret J. *Más allá de Freud: Una historia del pensamiento psicoanalítico moderno*. Herder Editorial, Barcelona, 2004.

Parkinson, Cyril Northcote. «La ley de Parkinson» como artículo satírico en *The Economist*, noviembre de 1955.

Piñol, Joan. *El bienestar emocional*. Editorial Kairós, Barcelona, 2021.

Punset, Eduard. *El viaje a la felicidad*. Ediciones Destino, Barcelona, 2006.

Savin Vallvé, Javier. *Navegar para directivos*. Círculo Rojo, Almería, 2018.

—. *El último viaje*. Círculo Rojo, Almería, 2020.

Seligman, Martin E.P. *La auténtica felicidad*. Editorial Vergara, Barcelona, 2003.

Wilson, James Q. y Kelling, George. «Teoría de las ventanas rotas» en *The Atlantic Monthly*, marzo de 1982.

editorial **K**airós

Puede recibir información sobre
nuestros libros y colecciones inscribiéndose en:

**www.editorialkairos.com**
**www.editorialkairos.com/newsletter.html**
**www.letraskairos.com**

Numancia, 117-121 • 08029 Barcelona • España
tel. +34 934 949 490 • info@editorialkairos.com